Claudia Brockmann

WARUM MENSCHEN TÖTEN

Claudia Brockmann
mit Bernd Volland

WARUM
MENSCHEN
TÖTEN

Eine Polizeipsychologin ermittelt

Ullstein extra

Die in diesem Buch geschilderten Fälle entsprechen den Tatsachen. Die genannten Personen und Orte wurden nach Möglichkeit anonymisiert. Etwaige Übereinstimmungen oder Ähnlichkeiten wären rein zufällig. Die in Unkenntnis der Personen aufgestellten Hypothesen können nicht als Behauptungen über die später verurteilten Personen, die der Autorin zum Zeitpunkt der Ermittlung gar nicht bekannt waren, aufgefasst werden. Die Einschätzungen dienen der polizeilichen Zielsetzung und erheben keinen Wahrheitsanspruch. Allen Dialogen liegt ein Gespräch zugrunde, die Niederschrift entspricht den Erinnerungen der Autorin.

Ullstein extra ist ein Verlag der Ullstein Buchverlage GmbH
www.ullstein-extra.de

ISBN: 978-3-86493-017-1
© Ullstein Buchverlage GmbH, Berlin 2013
Alle Rechte vorbehalten
Gesetzt aus der Minion Pro
Satz: Pinkuin Satz und Datentechnik, Berlin
Druck und Bindearbeiten: CPI – Clausen & Bosse, Leck
Printed in Germany

Inhalt

Vorwort

Mich haben Kriminalfälle schon interessiert, bevor ich zur Polizei kam und auch lange bevor ich mein Psychologie-Studium begann: Die Kennedy-Ermordung, bei der wir bis heute nichts über die Motive des Schützen wissen. Die Taten des Jürgen Bartsch, der als sogenannter »Kirmesmörder« in den sechziger Jahren vier Jungen umbrachte. Über die Gerichtsverfahren gegen ihn las ich in der Zeitung, es gab unterschiedliche Tatmotive, aber keine eindeutigen Erklärungen und keine Diagnostik. Das Attentat von München während der Olympischen Spiele 1972, die Verhandlungen um Leben und Tod und die misslungene Befreiung der israelischen Sportler. Die Schleyer-Entführung und -Ermordung. Die Entführung der Lufthansamaschine »Landshut« auf einem ganz normalen Urlaubsflug nach Mallorca. Fälle, bei denen kriminelle Energie oder auch die Auswirkungen von Fanatismus und psychischen Störungen auf schockierende Weise in den »ganz normalen Alltag« diffundieren und uns emotional gefangen nehmen.

Ich wurde Psychologin. Als die Professoren der Universität Kiel uns Studienanfängern ihre Forschungsbereiche vorstellten, wurde ich hellhörig: Forensische Psychologie, Aussagebegutachtung, Täterbegutachtung. Spannend!

Aber wollte ich nicht eigentlich Psychotherapeutin werden wie so viele in meinem Studiengang? Nachdem ich mich intensiver mit der Rechtspsychologie beschäftigt hatte, war die Richtung jedoch klar, und ich schrieb meine Diplomarbeit über die Zuverlässigkeit von Zeugenaussagen. 1987, als ich mein Diplom erhielt, wurden in Hamburg gerade zwei Psychologen für den Polizeipsychologischen Dienst gesucht. So kam ich zur Polizei.

Hamburg war eines der wenigen Bundesländer, in denen die Polizei bereits in den achtziger Jahren Psychologen als Berater hinzuzog, wenn es um die Bewältigung von Entführungen, Erpressungen und Geiselnahmen ging oder um Ermittlungen bei besonderen Tötungs- und Sexualdelikten. Ich beriet die Kollegen bei kurzfristigen Einsätzen, arbeitete aber auch in Sonderkommissionen mit. Anfangs wurden wir allerdings eher selten in die Kriminalitätsbekämpfung miteinbezogen.

Gerade alteingesessene Polizisten schienen uns Psychologen manchmal kritisch gegenüberzustehen. Manche hatten wohl das Gefühl, wir würden ihre Berufserfahrung und ihren sogenannten gesunden Menschenverstand in Frage stellen, alles besser wissen und ihre Arbeit kritisieren. Andere wiederum waren sehr interessiert daran, was Psychologie leisten kann. Sie waren überzeugt, dass sich sinnvolle Vorgehensweisen aus unterschiedlichen Disziplinen herleiten lassen, die zusammenwirken können.

Es bedurfte einiger Jahre und vieler gemeinsamer Einsätze, bis sich ein Vertrauensverhältnis aufbaute. Die psychologische Einsatzbegleitung wurde mehr und mehr nachgefragt, bis sie selbstverständlich wurde und schließlich eine eigene Dienststelle entstand. Seit 2005 leite ich im Landeskriminalamt Hamburg die »Kriminalpsychologische Einsatz- und Ermittlungsunterstützung«. Wir sind zuständig für verschiedene Arbeitsbereiche. Einige von ihnen spielen eine bedeutende Rolle in diesem Buch. Die »Kriminalpsychologie« etwa berät Polizeibeamte bei Ermittlungen oder Vernehmungen, in der »operativen Fallanalyse« rekonstruieren und analysieren wir den Ablauf einer Tat, und unsere »Verhandlungsgruppe« unterstützt die Kollegen bei Gesprächen mit Erpressern, Entführern oder Geiselnehmern.

Unsere Aufgabe ist es nicht nur, Verbrecher zu fassen. Das gemeinsame Interesse von Polizisten wie Psychologen war und ist auch der Schutz von Opfern. Dieser Verantwortung sind wir uns alle bewusst. Sie verbindet uns nicht nur bei spektakulären Verbrechen, sondern auch bei weniger medienwirksamen Fällen – unserer alltäglichen Arbeit. Ein weiterer wichtiger Bereich unserer Dienststelle ist die »Risikoeinschätzung«: Bei Bedrohung und Gefährdung wie Stalking oder häuslicher Gewalt müssen wir mögliche Gewaltrisiken und Interventionsmöglichkeiten einschätzen mit dem Ziel, eine Eskalation zu verhindern.

Ich kann sagen: Für mich war meine Berufswahl vor nunmehr 26 Jahren die richtige.

Meine tägliche Neugierde auf das, was der nächste Tag bringt, und meine Motivation – alles ist nach wie vor da, und ich arbeite gern. Jeder Fall ist anders und fordert aufs Neue heraus, Routine oder Langeweile kommen nicht auf. Vielleicht bekommen Sie als Leser in diesem Buch eine Idee davon.

Wenn ein Verbrechen geschieht, stellen sich immer die

Fragen »Warum?« und »Wer hat so etwas getan?«. Wir müssen Antworten darauf finden – für die Angehörigen der Opfer, für die Öffentlichkeit, für die Angehörigen des Täters und für die Polizei.

Der Weg der Polizei führt immer von der Tat zum Täter. Um Täter zu ermitteln, ist es wichtig, die jeweilige Tat nachzuzeichnen und zu verstehen, warum sie in dieser Form begangen wurde. Möglicherweise wurde der Täter von Zeugen beobachtet, während er seinen Mord beging oder schon vorab, als er das Opfer oder den Tatort auskundschaftete. Möglicherweise hinterließ er Fingerabdrücke, Faserspuren, serologische Rückstände wie DNA. Eines hinterlässt ein Täter in jedem Fall: Spuren seines Verhaltens. Das kann er nicht vermeiden. Und die Art, wie er seine Tat begeht, kann Hinweise geben auf seine Persönlichkeitsstruktur und seine Handlungsmotive. Im besten Fall liefert sie Ansatzpunkte darüber, wen wir suchen müssen. Denn entlang dieser Fragen verläuft unser Weg: Was hat der Täter getan? Warum hat er das getan? Wer tut so etwas?

Neben wissenschaftlichen Disziplinen wie der Biologie, Chemie, Physik und Rechtsmedizin kommt hier auch der Kriminalpsychologie große Bedeutung zu – der Wissenschaft, die sich mit der Beschreibung, Erklärung, Vorhersage und Beeinflussung von kriminellem Verhalten befasst.

Die wahren Geschichten in diesem Buch sind besondere, herausragende Fälle, die ich ausgewählt habe. Es sind Kriminalfälle, die mich besonders berührt und auch geprägt haben. Sie bilden nicht meinen Alltag ab. Aber sie skizzieren die Rolle eines Psychologen bei der Einsatz- und Ermittlungsunterstützung. Sie zeigen auf, mit welchen Fragestellungen Polizei und Psychologie konfrontiert werden, auf welch geringer Informationsbasis wir manchmal Einschätzungen vornehmen und Entscheidungen fällen müssen, wie sich die Zusammenarbeit gestaltet und zu welchen Hypothesen und Ergebnissen wir kommen.

Sie zeigen auch auf, wie unterschiedlich jeder Einsatz für uns bei der Polizei ist, es ist ein immer neues Zusammenspiel mit Tat und Täter, Opfer und Angehörigen, Öffentlichkeit und Medien. Jeder Beteiligte hat seine eigene Perspektive, die wir berücksichtigen müssen. Für die Polizei sind es »Fälle«, »Einsatzlagen«. Für den Täter ist es seine Tat mit ihrer ganz individuellen Vorgeschichte und deren Folgen. Für die Opfer und deren Angehörige sind es oft Traumata, die ihr weiteres Leben stets begleiten und in unterschiedlicher Ausprägung bestimmen werden.

Um eine mir immer wieder gestellte Frage zu beantworten: Ja, ich nehme manche Fälle auch mit nach Hause. Ich leide in einigen Fällen mit. Ich beschäftige mich mit einigen Fällen Tag und Nacht, auch mit der Frage, ob ich alles richtig gemacht habe, ob ich etwas vergessen oder übersehen haben könnte, oder ob ich etwas hätte besser machen können.

Ja, ich hätte auch manches besser, manches anders machen können und auch müssen.

Das Lernen hört nicht auf.

Besonders glücklich bin ich, dass ich mit Polizeibeamten und -beamtinnen im Team zusammenarbeiten kann. Wir lernen miteinander und voneinander. Gerade die Verbindung der Wissens- und Erfahrungswelten dieser

11

beiden unterschiedlichen Professionen liefert einen wichtigen Beitrag zum Schutz von Opfern.

Jeder Tag birgt neue Herausforderungen. Es ist kein Abarbeiten eines Planes oder einer Checkliste, sondern ein ständiger Abgleich, ob mein verfügbares Instrumentarium für einen bestimmten Fall ausreicht, ob mein Wissen noch aktuell ist, ob wir weitere Spezialisten heranziehen müssen oder ob wir uns ein Themenfeld neu erarbeiten müssen. Die Realität schreibt immer neue, spannende Geschichten.

Denise

Die Mutter hat ein kleines Nachthemd mitgebracht. Als wolle sie ihre Tochter gleich ins Bett bringen. Sie wird das Nachthemd nicht brauchen. Ich glaube, sie ahnte das bereits, als wir sie mitten in der Nacht anriefen und ihr anboten, sie ins Präsidium zu holen. »Sie können bestimmt genauso wenig schlafen wie wir, da ist es vielleicht praktisch, wenn Sie bei uns sind, falls wir noch Fragen haben oder sich etwas Neues ergibt«, sagte der Kripochef zu ihr. Wahrscheinlich spürte sie da schon, was die Wahrheit war.

Wir wollen sie der Mutter lieber hier im Präsidium sagen als bei ihr zu Hause, in dem Plattenbau, wo die Kamerateams, Fotografen und Journalisten vor der Haustür ebenfalls auf die Wahrheit warten. Die meisten Menschen wollen die Wahrheit wissen. Aber die Täter wollen selten, dass sie ans Licht kommt.

Dazu gehört auch die Antwort auf die Frage, die oft am schwersten zu beantworten ist: Warum ein Mensch etwas getan hat. Mit absoluter Gewissheit können wir das nie sagen, sei es, weil der Täter seine Motive nicht preisgeben will oder weil er sie selbst nicht genau benennen kann. Aber immerhin werden wir der Wahrheit in diesem Fall sehr nahekommen. Und das wird bedeuten,

Dinge zu erfahren, die man vielleicht nicht glauben will. Zum Beispiel: Ist ein Teenager imstande, so etwas zu tun?

Später wird die Mutter fragen: »War es Nils?«

Die Kollegen aus einer Kleinstadt in der Umgebung haben unser Team zur Unterstützung gerufen. Die dortige Polizei beschäftigt weder eigene Psychologen noch Fallanalytiker. Also werden zwei Kolleginnen und ich vom Hamburger LKA abgestellt, denn hier scheint dringender Bedarf an einer Fallanalyse.

In Kriminalfilmen werden Fallanalytiker gerne »Profiler« genannt – eine Bezeichnung, die wir wenig schätzen. Die Profiler in Filmen oder Romanen glänzen oft mit einer nahezu magischen Intuition, dank derer sie nach einer »Séance« im Schlafzimmer des Opfers das Alter, den Beruf und die Kindheitsgeschichte des Täters »erspüren«. Dabei geht es bei der operativen Fallanalyse genau um das Gegenteil: Fallanalytiker befassen sich nur mit den objektiven Daten.

Sie fügen die Details zusammen und schaffen ein Bild, das zwar selten alles erklären kann, aber Hypothesen darüber ermöglicht, was vorgefallen ist. Diese basieren nicht auf irrtumsanfälligen Zeugenaussagen oder Geständnissen, von denen man nie weiß, ob sie nicht geschönt oder zumindest unvollständig sind. Das Material, mit dem ein Fallanalytiker arbeitet, ist unwiderlegbar: nur jene Zeugenaussagen, die als absolut gesichert gelten, etwa weil mehrere Personen das Gleiche geschildert haben, vor allem aber die Spuren am Tatort, etwa Blutspritzer, Speichel, Haare, Kleidungsfasern oder zerbrochene Gegenstände, außerdem die Verletzungen des Opfers. Am

14

Ende der Rekonstruktion stehen manchmal mehrere Hypothesen, aber wir wissen: Nur in einer dieser Varianten kann die Tat geschehen sein. Diese Arbeit wird im Fall »Denise« sehr wichtig werden.

Der Fall beginnt an einem Augusttag um 19 Uhr mit dem Anruf der besorgten Mutter bei der Polizei. Ihre Tochter sei nicht zum Abendessen erschienen, sagt die Frau, dabei sei Denise absolut zuverlässig. Die Mutter ist sehr aufgewühlt. Kurz darauf finden zwei Jugendliche das Rad des Mädchens in einem Gebüsch. Sofort wird eine Suchaktion eingeleitet. Die Familie wohnt in einer Hochhaussiedlung. Zahlreiche Polizeibeamte, Nachbarn und eine Hundestaffel durchkämmen die Gegend. Sie suchen auf dem Dachboden, sie durchstöbern das Gebüsch in der Umgebung und selbst in den Waschmaschinen im Keller schauen sie nach.

Sie finden nichts.

Am Anfang solcher Fälle steht die Ungewissheit: Was könnte vorgefallen sein? Die Vermisste könnte davongelaufen sein, es könnte ein Unfall geschehen sein, oder sie ist Opfer eines Verbrechens geworden, sie könnte irgendwo gefangen gehalten werden, tot sein. Selbst einen Suizid können wir nicht ausschließen, auch wenn er bei einem Kind unwahrscheinlich ist. Der Polizei bleibt erst mal nichts übrig, als in alle Richtungen zu suchen und zu ermitteln.

Die Beamten befragen sofort die Mutter. Ja, es habe einen kleinen Streit gegeben, weil die Tochter ihr Zimmer nicht aufgeräumt hat, sagt sie, aber Denise würde wegen einer solchen Lappalie nicht davonlaufen. Das Verhältnis zwischen Mutter und Tochter beschreibt sie als sehr eng und liebevoll. Auch mit dem Lebensgefährten der Mutter habe Denise keine Probleme gehabt, nein, die Mutter kann sich beim besten Willen nicht vorstellen, dass ihre Tochter abgehauen ist, sie ist erst sechs! In der Zwischenzeit klären Beamte die einschlägig bekannten Sexualstraftäter im Umkreis ab, Männer, die bereits wegen Delikten an Kindern vorbestraft sind. Die Polizisten klingeln an der Tür, sagen, dass ein Mädchen verschwunden ist, fragen, ob sie mal reinkommen dürfen. Aber keiner der Besuchten ist diesmal auffällig, etwa indem er den Zugang verweigert oder in seiner Wohnung Spielzeug herumliegen hätte.

Die Nachbarn werden gefragt, ob sie etwas Außergewöhnliches bemerkt haben. Wann sie das Mädchen zum letzten Mal gesehen haben. Wir finden keine brauchbaren Hinweise. Es ist schon kurz nach Mitternacht, als der Chef der Kripo beschließt, mit der Mutter persönlich zu sprechen. Der Einsatzleiter hat ihn über die Suche informiert, und nun will der Chef der Mutter noch mal versichern, dass alles Erdenkliche unternommen werde. Er fragt sie: »Haben Sie eine Idee, was passiert sein könnte? Manchmal hat man ja so eine Ahnung.« Da sagt die Mutter: »Nun ja, Nils hat sich sehr sonderbar verhalten. Nils würde ich viel zutrauen.«

So haben wir Denise gefunden. Und so ist es gekommen, dass die Mutter nun im Präsidium sitzt mit dem Nachthemd in der Hand.

Ich habe dem Kripochef zuvor geraten: »Mach es kurz. Nur vier Sätze.« Und: »Sag ihr dann alles, was sie wissen will. Sag ganz klar die Wahrheit.« Ich nenne es das

16

psychologische Recht auf die Realität, das jeder Mensch hat. Wir dürfen uns nicht anmaßen, für jemanden zu entscheiden, was er ertragen kann und was nicht. Nur wenn ein Mensch die Wahrheit kennt, kann er sie verarbeiten. Manche fangen zu schreien an, manche weinen stumm, manche toben, manche machen sich Vorwürfe, manche beschimpfen die Polizei. Ich habe Menschen gesehen, die hysterisch lachen. Und Menschen, die reagieren, als hätte man ihnen gerade den Wetterbericht vorgelesen, die scheinbar gleichgültig nicken, und wenn man sie fragt, ob sie verstanden haben, sagen sie »ja, ja, sie ist tot«, als sei es das Normalste der Welt. Jeder braucht seine Zeit, um zu begreifen, und jeder hat seine eigene Art, den ersten Schmerz zu verarbeiten. Das Beste, was wir als Überbringer tun können, ist klar zu sagen, was geschehen ist – und dann müssen wir damit umgehen, wie derjenige reagiert.

Als die Mutter ihm ein paar Stunden zuvor von Nils erzählt hat, ist der Kripochef hellhörig geworden. Nils ist ein Teenager, der große Bruder von Denises bester Freundin Mona und lebt in der gleichen Siedlung. Denise himmelt Nils regelrecht an. Ihre Mutter allerdings traut dem Jungen nicht über den Weg. Ständig würde Nils lügen. So soll Nils ihr an diesem Abend erzählt haben, dass er mit Denise noch gesprochen hat, bevor sie verschwunden ist. Sie habe mit dem Rad zu einem Freund im Nachbarort fahren wollen. Wütend hatte die Mutter ihn stehen lassen, weil es unvorstellbar ist, dass Denise am Abend noch in den Nachbarort wollte. »Man kann diesem Jungen kein Wort glauben«, hat Denises Mutter zum Kripochef gesagt. »Er müsste doch auch bei Ihnen bekannt sein.«

17

Er ist es: Nils Wagner, 18 Jahre alt. »Diebstahl« und »Sachbeschädigung« stehen in der Akte und »Tierquälerei«. Bei der Einsatzbesprechung hat eine Beamtin von den Aussagen berichtet, die der Junge am Abend gemacht hatte. Als der Kripochef mir nun die Akte reicht, nicke ich nur: »Rote Flaggen.« So nennt man die psychologischen Alarmsignale, die einem beim Blick in Akten oder Vernehmungsprotokolle ins Auge stechen. Tierquälerei ist eine solche »rote Flagge«. Sie zählt zu jenen Delikten, die auffällig häufig in den Biographien von Gewaltverbrechern vorkommen. Manchmal ist sie eine Vorstufe zur Gewalt gegenüber Menschen, Ausdruck von fehlendem Mitgefühl und großem Machtbedürfnis, auch von Sadismus. So wie Brandstiftung. Auch hier zeigt sich ein zerstörerisches Machtbedürfnis. Wie beim Quälen von Tieren können manche Menschen richtiggehend sexuell erregt werden, wenn sie ein Haus in Flammen gesetzt haben.

Nils wurde erwischt, als er eine Katze mit Nadeln malträtierte. Wir in der Runde blicken uns an. Unser Gefühl wird nicht besser. Er hat sich bei der Suche als auffällig engagiert hervorgetan, obwohl er sonst nicht als hilfsbereit gilt. Seiner Aussage nach müsste Nils der letzte Zeuge gewesen sein, der Denise lebend gesehen hat. Um 18:25 Uhr sei er Denise im Treppenhaus begegnet. Sie habe »zickig wie ein kleines Mädchen« auf ihn gewirkt, sei sauer gewesen, da sie ihr Zimmer aufräumen sollte. Ja, man habe ein wenig »Smalltalk« geführt. Er habe sie noch aufgefordert, nach Hause zu gehen, aber sie habe unbedingt mit dem Rad zu einem Freund im Nachbarort fahren wollen. Der sei »schon mehr als nur ein Freund«, habe

Denise gesagt. Auf dem Weg dorthin hätte sie durch ein kleines Waldstück fahren müssen, sagte Nils dann noch, dort hätte sie jemand leicht vom Rad ziehen können. Die Beamtin notierte seine Aussage, aber maß ihr noch keine große Bedeutung bei. Jetzt, nachts im Polizeipräsidium, tun wir das durchaus. Diese Wortwahl? Was meint er mit »Smalltalk«? Schäkern? Flirten? Mit einer 6-Jährigen? Die noch dazu jemanden besuchen wollte, der »schon mehr als nur ein Freund« ist? Es ist unwahrscheinlich, dass Denise diese Worte gebraucht hat. Aber was geht dann im Kopf dieses Jungen vor, wenn er von einer 6-Jährigen redet, als wäre sie ein Teenager oder eine erwachsene Frau? Es hat eine unangemessene sexuelle Note. Und seine anderen Aussagen? Sie weisen in eine auffällige Richtung: möglichst weit weg von ihm selbst. Räumlich: In den Nachbarort habe das Mädchen fahren wollen, dort sollten wir suchen. Und auch moralisch: Er zeichnet ein Bild von sich als Beschützer, der ihr ins Gewissen geredet hat. Wenn wir ihm glauben, wäre er also ein »Guter«. Einen »Bösen« liefert er gleich dazu: jemand, der sie »im Wald vom Rad gezerrt« haben könnte. Dabei war ihm gegenüber von einem Verbrechen noch gar nicht die Rede.

Das sind etliche rote Flaggen.

Es ist bereits vier Uhr nachts, alle verfügbaren Beamten werden noch mal zur Siedlung geschickt. Nils Wagner wird aus dem Bett geklingelt, die Kellerabteile sollen geöffnet werden – auch ohne Durchsuchungsbeschluss, es ist Gefahr im Verzug, vielleicht liegt das Mädchen irgendwo gefesselt oder ist eingesperrt.

Manchmal begegnen mir bei meiner Arbeit Dinge, die so furchtbar sind, dass es zunächst schwer nachzuvollziehen ist, wie ein Mensch so etwas tun kann. In den Medien werden in diesen Momenten schnell die Wörter »Bestie« oder »Monster« verwendet, obwohl wir alle wissen, dass es immer Menschen sind, die diese Verbrechen begehen. Das »Monströse« ist die Folge zahlreicher Umstände, die die Persönlichkeit eines Menschen so geprägt haben, dass er zu solchen Taten fähig ist. Selbst die furchtbarsten Verbrechen folgen einer inneren Logik. Auch wenn diese nicht in unsere eigene Vorstellungs- und Erlebenswelt passt.

Um 5:30 Uhr klingeln mehrere Beamte an der Tür der Familie Wagner. Die Mutter ist verschlafen und überrascht. Die Polizisten wollen sich gerne die Wohnung ansehen und mit Nils sprechen. Mit Nils? Wegen Denise? Die Mutter kann es nicht fassen. Die Beamten durchsuchen die Wohnung. Schließlich tritt ein Kollege in die Abstellkammer, wo in einer Ecke, versteckt hinter einem Bügelbrett, ein großer Umzugskarton steht, als stünde er schon lange hier. Es ist dunkel. Der Beamte öffnet den Karton und greift hinein. Er berührt etwas, das sich wie Haare anfühlt. Er hofft, es ist eine Puppe. Es ist keine Puppe.

Als die Mutter nun um sechs Uhr früh dem Kripochef, dem Einsatzleiter und mir gegenübersitzt, müssen wir ihr das schwer Begreifliche mitteilen.

Der Kripochef sagt: »Es tut mir leid. Wir haben alles versucht. Wir haben Denise tot gefunden. Sie lag in der Abstellkammer der Familie Wagner.«

Die Mutter weint, sie schluchzt, sie ist verzweifelt. Es ist die Realität, mit der sie sich auseinandersetzen muss. Niemand kann ihr das abnehmen oder erleichtern, indem er etwas beschönigt. Aus psychologischer Sicht ist es keine Hilfe, die Wahrheit in eine scheinbar erträgliche Variante umzuschreiben. Man hilft damit nicht dem Betroffenen, höchstens sich selbst. Vielleicht, weil man sich dem Leid nicht aussetzen will, das die Botschaft auslöst.

Für die Angehörigen ist es wichtig, schon zu Beginn einer Suche zu erfahren, dass die Polizei nichts ausschließen kann, auch kein Verbrechen. Der Reflex mag sein, sie in solchen Momenten zu beruhigen und Hoffnung zu nähren:»Machen Sie sich keine Sorgen, wahrscheinlich hat sie sich nur irgendwo versteckt.« Aber wir müssen Vertrauen und Wahrhaftigkeit aufbauen. Das heißt, wir müssen auch signalisieren: Die Polizei nimmt Ihre Sorgen ernst, sie unternimmt alles und zieht alles in Betracht – auch, dass etwas Schlimmes passiert sein könnte. Die Angst davor kann man den Angehörigen ohnehin nicht nehmen, sie ist automatisch da, wenn ein Kind vermisst wird. Wer glaubt, zu helfen, indem er eine Sorge ausredet, bewirkt manchmal das Gegenteil: Er schafft ein Tabu, der Betroffene wagt nicht mehr, darüber zu reden, obwohl es ihn weiter plagt. Da wir nun wissen, dass Denise nicht mehr lebt, müssen wir weiter ehrlich bleiben. Es wäre keine Hilfe zu behaupten:»Sie musste nicht leiden.« Die Mutter wird die Wahrheit ohnehin später in den Akten lesen.

Die Mutter blickt auf. Am Nachmittag ist sie noch mit ihrer Tochter in einem geliehenen Cabrio durch die Stadt gefahren, die Kleine hat gejauchzt. Und dann ist Denise am Abend noch mal kurz rausgegangen und nicht mehr zurückgekommen. Die Mutter sagt, sie hätte gegen 18:30 Uhr auf einmal einen stechenden Schmerz gespürt. Dann sitzt sie einfach nur da. Sie spricht kein Wort mehr. Schweigt nur. Nach einigen Minuten blickt sie mich an. »Bin ich normal, weil ich so reagiere?« – »Das ist okay. Jeder reagiert anders«, sage ich.

Was einem Leichenfund folgt, ist bittere Routine. Die Spurensicherung sammelt Faserspuren, Blutspuren und Fingerabdrücke. Der Rechtsmediziner untersucht die Leiche vor Ort. Alles wird abfotografiert, damit sich die Situation später rekonstruieren lässt. Dann wird die Leiche zur näheren Untersuchung in die Gerichtsmedizin gebracht. So geschieht es in dieser Nacht auch in der Wohnung der Familie Wagner. Das Material für unsere Arbeit wird gesammelt.

Die Fallanalyse ist eine junge Disziplin, in Deutschland ist sie erst im Jahr 2000 eingeführt worden. Allerdings hat sie schnell große Bedeutung gewonnen. Jeder Ermittler, der Zeugen befragt, Verdächtige vernimmt oder einfach nur Vernehmungsprotokolle liest, entwickelt automatisch gewisse Hypothesen zu einem Tathergang. Das menschliche Denken ist darauf ausgerichtet, Details zu verknüpfen, sie zeitlich und logisch in Zusammenhang zu bringen. Man macht sich unwillkürlich ein Bild von einem Vorgang. Wer aber schon vorab ein solches Bild im Kopf hat, kann nicht mehr unvoreingenommen auf die objektiven Spuren blicken. Darum ist es sehr hilfreich, wenn eigens dafür ausgebildete Kriminalbeamte, Psychologen und Rechtsmediziner diese Spuren unabhängig von allen anderen Faktoren analysieren und so einen Tathergang rekonstruieren. Polizisten, Staatsanwälte und später auch Richter und Juristen bekommen dadurch ein eigenständiges Bild von einer Tat, das sie mit Zeugenaussagen und Geständnissen abgleichen können.

Die Fallanalyse bietet eine weitere wichtige Chance: Wir können anhand des objektiv nachweisbaren Tatverhaltens ableiten, was in einem Täter vorgegangen sein könnte. Denn jede Tat befriedigt beim Täter zentrale Bedürfnisse. Die Art, wie jemand eine Tat ausführt, zeigt uns viel davon, wonach er sich sehnt. Und jedes Detail kann uns etwas darüber erzählen, auf welche Weise er gelernt hat, sich Befriedigung zu holen. Und auch, wie tief bestimmte Verhaltensmuster schon in seiner Psyche verankert sind.

Wir können der Mutter in dieser Nacht noch nicht viel über die Tat sagen. Einzig, dass die Ermittlungen laufen und in welchem Zustand wir das Mädchen gefunden haben. Wir sagen ihr, dass wir bald die Presse informieren müssen, die uns sehr engagiert bei der Suchaktion unterstützt hat. Falls sie möchte, wäre es sinnvoll, engen Verwandten und Freunden vorher Bescheid zu sagen. Sie ist eine starke Frau, das wird sich auch später noch zeigen. Sie richtet sich auf und sagt:»Mein Vater soll es nicht aus der Presse erfahren. Er ist herzkrank.«

Denise ist tot. Das Mädchen, das die Beamten im Karton gefunden haben, ist vollständig bekleidet. Um seinen Mund und Hals ist ein blaues Halstuch gewickelt. Seine Hände sind mit Handschellen auf den Rücken gefesselt. Seine Beine wurden mit einem dünnen Kabel verknotet, das über den Rücken zum Hals hochgezogen wurde, um den es sich noch einmal schlingt. Das Kabel ist so befestigt, dass es unter Spannung steht und das Opfer auf bizarre Art im Hohlkreuz hält. Auf dem Gesicht des Kindes liegt ein roter Nylonsack, der mit zwei Bändern hinter seinem Kopf verknotet ist.

Der Täter muss in der Wohnung der Familie Wagner gewesen sein. Die Polizisten befragen alle Anwesenden. Denise habe an diesem Abend gegen 18:20 Uhr bei den Wagners geklingelt, um mit Mona zu spielen, aber die Familie wollte gerade Abendbrot essen, darum sei Denise wieder gegangen. Alle Familienmitglieder bis auf Nils seien in der Wohnung gewesen und hätten sie bis zur späteren Suche nach Denise nicht mehr verlassen: die Mutter, ihr Lebensgefährte, die kleine Tochter Mona. Auch Nils sei bald darauf in der Wohnung erschienen, habe sie dann aber sofort wieder verlassen, um eine Bohrmaschine aus dem Keller zu holen – das habe er später gesagt. Nils sei unaufgeregt gewesen, nicht nervös, ganz normal habe er sich verhalten. Aber er ist der Einzige, der während der Tatzeit die Wohnung verlassen hat.

Nils? Kann ein Teenager eine solche Tat begehen? Mit einer derart brutalen Fesselung? Und danach so wirken, als sei nichts geschehen? Was ist genau geschehen?

Wir nähern uns der Antwort nun von zwei Seiten. Vor Ort machen sich die Beamten auf die Suche nach dem Tatort, wo Spuren zu finden sind, aus denen wir vielleicht den Tathergang lesen können. Und Nils Wagner wird ins Präsidium gebracht.

Der Junge, den zwei Kommissare noch am gleichen Tag um 12:30 Uhr vernehmen, verzichtet auf einen Anwalt, will nur Kaffee trinken und ist einverstanden, mit

»du« angeredet zu werden. »Es wurde dir gesagt, dass du im Verdacht stehst, Denise getötet zu haben«, sagt einer der Kommissare. »Ich will sagen, was geschehen ist«, sagt Nils. Und beginnt zu lügen.

Wie es ihm gehe? »Echt beschissen«, sagt Nils. »Was heißt das?« – »Ich habe ein schlechtes Gewissen. Dieses kleine Mädchen. Ich hab es nicht getötet, aber ich war irgendwie Mittäter«, sagt Nils. Er liefert nun die erste Variante der Tat – es wird nicht die letzte sein. Sie geht so: Er trifft Denise im Treppenhaus, unterhält sich mit ihr. Sie verabschieden sich. Als er kurze Zeit später den Keller betritt, kommt ihm dort sein Freund Markus entgegen. Markus trägt Denise auf dem Arm. Die Lippen des Mädchens sind blau angelaufen. Es hat keinen Puls mehr und die Hände sind mit Handschellen auf dem Rücken gefesselt. Gemeinsam mit Markus verschnürt Nils nun das tote Mädchen und packt es in einen Karton im Kellerabteil der Wagners. Später, gegen 23 Uhr, bringt er den Karton in die Abstellkammer der Familie.

Die Beamten bitten Nils, den genauen Ablauf des Abends zu schildern. Er erzählt, wie Denise ihm im Treppenflur begegnete und er mit ihr sprach. Dann beschreibt er, welche Kleidung das Mädchen trug: Eine pinkfarbene Jacke, »aber da bin ich mir nicht sicher«, eine karierte Hose, »die Schuhe habe ich nicht angeschaut«. Und er sagt: »Ich bin mir aber ganz sicher, dass sie ein blaues Halstuch trug.« Ein blaues Halstuch, »ganz sicher«.

Es ist eine dieser Lügen, die viel verraten können.

Eine Vernehmung dient immer dazu, so viele Informationen wie möglich zu bekommen. Darum ist es oft sinnvoll, einen Verdächtigen erst mal lügen zu lassen.

Denn auch Lügen sind Informationen. Zwar erzählt der Lügner nicht, was tatsächlich geschehen ist, aber seine Lügen sagen viel über ihn aus. Sie zeigen, dass er etwas Entscheidendes verbergen will, und geben uns dadurch Antworten: An welcher Stelle lügt er? Wovor fürchtet er sich? Wofür schämt er sich vielleicht? Welchen Eindruck will er von sich und der Tat vermitteln? Und welchen verhindern?

Es ist manchmal frustrierend für die Vernehmenden, sich anlügen zu lassen. Gerne würden sie mit der Faust auf den Tisch hauen, wie es die Kommissare im *Tatort* machen. Aber wenn sich die Vernehmenden von Wut, Abscheu oder Verachtung leiten lassen, wird eines fast unmöglich: eine Beziehung zum Täter aufzubauen. Und diese ist absolut notwendig, damit der Täter redet. Viele Sexualstraftäter verschließen sich ohnehin sehr schnell, etwa aus Scham, Angst vor Strafe oder einem Machtbedürfnis: »Von mir hört ihr nichts! Ihr könnt mir gar nichts!« Die meisten haben in ihrem Leben genügend Erfahrungen mit Erniedrigung und Aggression gemacht und gelernt, wie sie mit Vorwürfen und Druck umgehen können. Sie starten einen Gegenangriff oder ziehen sich innerlich zurück und schweigen. Ein solcher Machtkampf darf nicht entstehen. Vor dieser Aufgabe stehen nun die beiden Kriminalbeamten.

Im Wohnhaus stehen die Kollegen indes vor einer anderen Aufgabe. Die Spurensicherer sichern alles, was sie finden. In der Wohnung. In der Abstellkammer. Am Karton. In der Umgebung der Hochhäuser. Selbst Kleinigkeiten können bedeutsam sein: herumliegende Zigarettenkippen, Papiertücher, leere Flaschen. Die Kleidung des Verdächtigen wird beschlagnahmt, der Keller der Familie geöffnet, das Gerümpel inspiziert und Gewebespuren gesammelt. Alles wird abfotografiert, damit man den Originalzustand nachvollziehen kann. Skizzen werden gezeichnet. Der Gerichtsmediziner obduziert in der Zwischenzeit die Leiche. Sie alle beschaffen das Material, mit dem wir arbeiten können.

Man hat meinen beiden Kolleginnen und mir ein kleines Büro im Präsidium frei geräumt. Dort schlagen wir bald einige Ordner auf. Papierblätter voller nüchterner Details: medizinische Befunde, chemische Analyseergebnisse und Listen von Gegenständen.

Einige Tage zuvor habe ich noch der Mutter von Denise im Büro des Kripochefs gegenübergestanden, die ihre Kräfte sammelte, um ihren Eltern die Nachricht zu überbringen. Wir hatten uns entschieden, die beiden ins Präsidium zu rufen. Um auf einen weiteren Herzanfall des Großvaters vorbereitet zu sein, hatten wir einen Notarzt einbestellt, der im Nebenzimmer wartete. Die Großeltern betraten das Büro. Die Großmutter blickte ihrer Tochter in die Augen. Sie sagte nur: »Nein! Nein!« Der Großvater kippte sofort um.

In diesen Augenblicken wird spürbar, was das Wort »Mord« wirklich bedeutet. Es ist auch für mich als Psychologin immer wieder erschütternd, mitzuerleben, wenn sich schon in den ersten Momenten nach einer Tat zeigt, dass mit einem Verbrechen nicht nur ein Leben ausgelöscht wurde, sondern die ganze Familie daran zu zerbrechen droht. Die Trennungsrate von Eltern, die ihr Kind verloren haben, ist hoch. Und im Falle eines Verbrechens tragen Familien eine noch schwerere Last, vor allem durch die Schuldgefühle: »Hätte ich sie doch nicht mehr aus dem Haus gelassen!«, »Wäre ich doch mitgegangen!«.

Die Mutter sagt später: »An diesem Tag bin auch ich selbst gestorben.«

Ich blicke nun in diese Ordner. Es sind Details, die schwer zu ertragen sind, Spuren sexueller Handlungen, die im Leben eines Kindes nichts zu suchen haben. Aber nur wer sich damit auseinandersetzt, kann verstehen, wie Dinge geschehen sind. Und warum.

Die Spurenlage ist aufgeteilt nach Orten.

Das Kellerabteil der Familie Wagner:

Dort wurden Gewebespuren gefunden und von den Experten der Kriminaltechnik untersucht. Ein Haar, es stammt von Denise. Eine DNA-Spur, auch sie stammt von ihr. Selbst vom Schmutz auf dem Kellerboden wurden Proben genommen. Die Verpackung eines Anglerstuhls wurde sichergestellt, die aus demselben Material und von derselben Farbe ist wie der Sack, der vor das Gesicht des Mädchens gebunden war. Auch eine Rolle mit Tesafilm. Eine Schraube.

Die Wohnung der Wagners:

Der Pappkarton mit der Leiche. Er war mit einem Klebeband verschlossen, Marke Tesa. Das Kabel, mit dem das Opfer gefesselt war, hing aus dem Karton und war einmal um ihn gewickelt. Im Karton lagen Wischtücher von einer Küchenrolle. Auf ihnen befand sich Blut des Opfers. Außerdem: Die Spuren in der Wäsche von Nils. Eine Kondompackung.

Die Umgebung des Hauses:

Das Fahrrad im Gebüsch. Zudem wurden mehrere Papiertücher gefunden, die in eine Papprolle gesteckt waren. Die Experten fanden auf einem der Tücher Spermaspuren von Nils. Auf einem anderen DNA-Spuren sowohl von Nils als auch vom Opfer.

Und schließlich der Leichnam:

Der Gerichtsmediziner hat die Leiche noch am gleichen Tag obduziert. Elf Stunden hat es gedauert, sie sorgsam zu entkleiden, jeden Zentimeter zu untersuchen und jede Faser zu sichern, die am Körper gefunden werden konnte. Es fanden sich Spermaspuren von Nils Wagner, sowohl am Körper als auch an der Kleidung des Kindes. Außerdem Fasern vom Kellerteppich im Gesicht des Mädchens. Der Mediziner stellte etliche Verletzungen im Genitalbereich fest. Die Knie des Mädchens waren aufgeschürft. An seinem Hals befanden sich nicht nur Spuren der Fesselung, in der es im Karton gefunden wurde, sondern auch sogenannte Drosselmarken, also Schürfungen und Unterblutungen, die rund um den Hals verlaufen. Die inneren Verletzungen weisen darauf hin, dass das Mädchen sehr wahrscheinlich nicht erstickt ist – was beispielsweise der Fall wäre, wenn ihm zu lange der Mund zugehalten wurde. Es wurde erdrosselt: durch ein Würgen mit einem Seil oder einem Kabel.

Manche dieser Spuren senden schon auf den ersten Blick eine klare Botschaft. Es ist erwiesen, dass das Mädchen sexuell missbraucht worden ist. Es ist eindeutig, dass Nils sexuelle Handlungen an ihr vollzogen hat. Denise muss außerdem im Kellerabteil gewesen sein. Der Schmutz in ihrem Haar und an ihrem Bauch stammt von dort. Er wurde aber nicht auf ihrer Kleidung gefunden, sondern direkt auf der Haut. Das Kind muss folglich mit nacktem Bauch den Kellerboden berührt haben, bevor es wieder angezogen wurde.

Es ist ein erster Ansatzpunkt.

Wir als Analytikerteam müssen nun versuchen, die Fakten zu sortieren und in eine plausible Reihenfolge zu bringen, bis die möglichen Varianten der Tat vor uns liegen.

Die Kollegen im Vernehmungszimmer des Präsidiums lassen den Jungen erst mal lügen. »Ich bin mir ganz sicher, dass sie ein blaues Halstuch trug«, hat Nils gesagt. Aber wir wissen aus Aussagen der Mutter, dass Denise kein solches Halstuch besaß. Der Täter musste das Tuch mitgebracht haben, das dem Mädchen später um den Mund gebunden wurde. Von allen Kleidungsstücken des Opfers will Nils sich nun ausgerechnet an eines »ganz sicher« erinnern, das es garantiert nicht trug? Warum ist dieses Halstuch für ihn so wichtig, dass er lügt, ohne auf das Thema angesprochen zu werden? Später beim Blick auf die Vernehmungsprotokolle werde ich dankbar sein für diese Lüge.

Nils führt seine Geschichte fort: Er bringt das Mädchen mit Markus in das Kellerabteil der Wagners und fragt Markus, was geschehen ist. »Er hat gesagt, dass er Denise den Mund zugehalten hat, und danach war sie weggetreten«, sagt Nils, und dann schneidet er schon wieder von sich aus ein Thema an: »Ich wollte die Handschellen aufmachen. Aber es gab keinen Schlüssel. Markus hatte ihn zu Hause.« Auch der fehlende Schlüssel wird sich als Detail mit hoher Aussagekraft herausstellen.

Ob etwas Sexuelles zwischen ihm und Denise gelaufen ist? – »Ja, am Nachmittag.« Es sei einfach dazu gekommen, freiwillig, von Denise ausgehend, er habe aber schnell abgebrochen, sei später in den Keller gegangen und habe dort masturbiert. Noch später sei er wie geschildert Markus begegnet, habe mit ihm gemeinsam das Mädchen verschnürt, es im Kellerabteil in einen Karton gepackt, den er gegen 23 Uhr in die Abstellkammer gebracht habe. So endet seine erste Fassung.

Vielleicht geben die Blätter im Ordner mehr Antworten, als die kruden Schilderungen des Jungen es tun. Wo war der Tatort? Die DNA des Opfers im Keller und die Reste des Kellerschmutzes auch unter der Kleidung des Mädchens weisen darauf hin: im Kellerabteil. Und was haben wir dort gefunden? Die Tesarolle zum Beispiel. Von ihr stammt das Band, mit dem der Karton verschlossen wurde. Das heißt: Das Opfer wurde im Keller in den Karton gepackt. Also muss alles, was dem Kind widerfahren ist, vorher geschehen sein.

Im Kellerabteil? Oder vielleicht doch außerhalb? Doch weder an der Kellertreppe noch im Vorraum des Kellers fanden sich Hinweise auf einen Kampf. Denise war für ihr Alter sehr kräftig und hätte sich gewehrt, das hätte wahrscheinlich Spuren entlang des Weges zum Keller hinterlassen, selbst wenn sie gefesselt gewesen wäre. Sie hätte gestrampelt und gezerrt. Aber hätten wir dann nicht an ihrem Körper entsprechende Verletzungen finden müssen? Es gibt keine signifikanten Wunden oder Unterblutungen an den Händen oder Unterarmen, wie sie beim Ringen mit einem Gegner entstehen. Einzig die Handschellen haben Verletzungen hinterlassen. Das Opfer hat also bis zu seiner Fesselung mit den Handschellen keinen Widerstand geleistet. Hat es den Täter gekannt? Höchstwahrscheinlich. Es dürfte ihm jedenfalls freiwillig in den Keller gefolgt sein.

Alles Weitere muss dort passiert sein: Das Anlegen der Handschellen, das Tuch wird über den Mund gezogen, das Ausziehen, der Missbrauch, das Wiederanziehen, das Erdrosseln, der Nylonsack über dem Gesicht, die Fesselung mit dem Kabel, die Verpackung in den Karton. Wir müssen alles in eine Reihenfolge bringen.

Die Beamten werden nun etwas forscher. Dass eine Sechsjährige freiwillig mit ihm Sex haben wollte, glauben sie Nils nicht. »Was haben Sie eigentlich?! Jessica kommt auch immer an und will es mit mir tun!«, behauptet er. Jessica ist acht Jahre alt und die Cousine seines Kumpels Markus. Auch diese Stelle werde ich mir später im Protokoll markieren. Denises Mutter hatte recht: Wir haben es wohl mit einem geübten Lügner zu tun. Aber sein Muster wird sich später, wenn ich die Protokolle betrachte, deutlich herauskristallisieren: Verräterische Details spart er nicht aus, in der Hoffnung, dass die Rede nicht darauf kommt. Er spricht sie von selbst an, er nimmt das Ertapptwerden vorweg und lenkt gezielt mit Lügen in eine falsche Richtung. So ist er bereits in seinen Aussagen bei der Suche verfahren.

Woher das dünne Lautsprecherkabel stammt, das für die Fesselung verwendet wurde? »Hab ich irgendwo gefunden oder rausgeklaut, kann mich echt nicht erinnern.« Es hätte einfach zufällig so herumgelegen. Nun setzen die Beamten nach: »Hattest du die Fesselung möglicherweise geplant?« – »Nein, also ich habe eine eigene Stereoanlage, ich hatte nicht vor, mit dem Kabel was anzustellen!« Die nächste rote Flagge. Die wirkliche Antwort auf diese

Frage wird uns dabei helfen, zu bewerten, wie gefährlich dieser Jugendliche ist.

Nils verstrickt sich tiefer in Widersprüche. Nachdem die Kommissare immer offener ihre Zweifel zeigen, korrigiert er seine Variante: Denise habe noch gelebt, als er in den Keller kam. Markus habe sie dann erdrosselt. Oder nein, vielmehr sei sie beim Fesseln mit dem Lautsprecherkabel gestorben, das habe Markus durchgeführt. Die Beamten geben ihm eine kurze Denkpause. Er soll bitte eine Entscheidung treffen, ob er die Wahrheit sagen will. Sie sitzen schweigend da. Der Junge sitzt ihnen gegenüber. Er schweigt. Er überlegt. Er braucht nicht lange.

»Ich will jetzt die Wahrheit erzählen.«

Für uns vor den Aktenordnern werden die möglichen Abläufe der Tat langsam klarer. Kleine Details gewinnen an Bedeutung. Zum Beispiel die Schraube. Wir haben noch mal das Haus besucht und sind die Wege abgegangen, um zu prüfen, wie viel Zeit der Täter hatte. Dabei fiel uns auf: Das Licht im Keller geht nach fünf Minuten automatisch aus, die Tat dürfte aber länger gedauert haben. Wenn man allerdings die Schraube, die in der Nähe des Lichtschalters gefunden wurde, unter den Schaltknopf klemmt, bleibt es an. Wahrscheinlich hat der Täter das getan. Aber muss er dann nicht schon beim Betreten des Kellers vorgehabt haben, länger zu bleiben? Ein Eindruck wird immer stärker: Dieses Verbrechen wurde intensiv vorbereitet, es war geplant.

Wie ging es weiter? Im Kellerabteil müssen dem Opfer bald die Hände mit den Handschellen gefesselt worden sein, denn sonst wäre es beim Missbrauch zum Kampf gekommen, was Spuren hinterlassen hätte. Das Umlegen könnte noch freiwillig geschehen sein, vielleicht indem ihm gesagt wurde, es sei ein Spiel. Und dann? Der Mörder muss das gefesselte Opfer als Nächstes ausgezogen und missbraucht haben, denn die Missbrauchsverletzungen entstanden, als das Opfer noch lebte. Kratzen und um sich schlagen konnte die Gefesselte nicht mehr. Aber sie hätte geschrien. Darum hat der Täter das Halstuch benutzt. Nur wann? Nachdem das Opfer schrie? Vielleicht ist er davon überrascht worden und hat hektisch das Tuch genommen? Ich notiere diese Variante. Und schreibe dahinter »Reaktion«. Das bedeutet: Diese Handlung hätte der Täter ausgeführt, weil ihn die Umstände dazu zwangen. Vielleicht hat er ihr aber sofort das Tuch umgelegt, damit sie gar nicht erst schreien kann? Hinter diese Variante schreibe ich »Aktion«. Es ist eine wichtige Unterscheidung, wenn es darum geht, das Handeln des Täters zu bewerten. Bei der zweiten Variante muss er vorhergesehen haben, wie sein Opfer reagiert. Er hat sich ihre Angst bereits in der Phantasie deutlich ausgemalt.

Es ist ein wichtiges Detail: das blaue Halstuch, von dem Nils in der Vernehmung vorauseilend behauptet hat, Denise habe ihn getragen. In jedem Fall stammt es vom Täter und nicht vom Opfer. Allerdings ist es ein Damenhalstuch, das heißt, der Täter, ein Mann, dürfte es nicht zufällig bei sich getragen haben. War das Tuch schon zu dem Zeitpunkt, als er dem Mädchen begegnete, als Tatwerkzeug vorgesehen?

Wir Fallanalytiker wissen noch nichts von Nils' Aussagen, auch nicht von seiner auffälligen Lüge zum Tuch. Dennoch drängt sich uns eine Frage immer mehr auf: Hat der Mörder diese Tat schon länger geplant, sie regelrecht vorbereitet? Der Lichtschalter wird fixiert, damit es nicht dunkel wird, Handschellen liegen bereit, ein Halstuch zum Knebeln hat er auch zur Hand. Wusste dieser Täter schon vorher ganz genau, was er vorhatte?

Bis ins letzte Detail?

Sein Kumpel Markus sei gar nicht dabei gewesen, berichtigt Nils, nun, da er endlich die Wahrheit preisgeben will. Es sei anfangs alles freiwillig geschehen, sie habe Sex gewollt, er habe ihr dann die Hand auf den Mund gelegt. »Damit sie ohnmächtig wird. Sie sollte vergessen, was passiert ist. Einfach, damit sie niemandem davon erzählen kann.« Dann habe er ihr die Handschellen angelegt. Er habe sie später draußen ablegen wollen, damit sie dort gefunden werde. »Aber lebendig!« Schließlich habe er sie mit dem Lautsprecherkabel gefesselt, damit sie nicht aus dem Keller fortlaufen könne. »Und da ist es passiert«, sagt er. Sie sei erstickt. Er habe das nicht gewollt. Alles sei doch freiwillig geschehen. »Ich habe ihr doch zwei Tage vorher gesagt, dass ich sie liebe.« Nie habe er den Eindruck gehabt, dass es gegen ihren Willen geschah, sie hätte sich ja sonst nicht selbst entkleidet. »Das war doch der Grund«, sagt er, als hätte das Kind ihn zu seiner Tat provoziert.

Häufig schieben Täter die Schuld indirekt dem Opfer zu, um vor sich selbst zu bestehen, es ist ein Schutzreflex. Die Geschichte, dass sich das spätere Vergewaltigungsopfer zuvor in der Bar doch so aufreizend verhalten, ja zur Tat regelrecht aufgefordert hätte, ist eine weitverbreitete Tatverarbeitungsweise. Nun bietet Nils seine Variante davon an.

Er wird immer unsicherer. Er betont: »Ich wollte nicht,

dass sie stirbt.« Er wiederholt: »Ich habe sie ja nicht bewusst umgebracht.«

»Wo hast du die Handschellen herbekommen?« Aus dem Nachbarkeller habe er sie vier Tage zuvor geklaut, in einer Tüte im Kellerabteil aufbewahrt. »Aber ich habe sie nur zufällig dabehalten«, sagt er. Und dass er keinen Schlüssel hatte, um die umgelegten Handschellen wieder zu öffnen? »Daran habe ich in dem Moment gar nicht gedacht«, sagt er.

Der Täter ist überführt, daran besteht kein Zweifel. Es ist klar, dass er bereits aufgrund seiner jetzigen Aussagen verurteilt werden wird. Aber vor Gericht wird es auch darum gehen, die Schwere seiner Schuld zu bemessen. Warum tötete dieser Junge das Mädchen? War es wirklich nicht beabsichtigt? Hat er einen Totschlag begangen? Oder war es Mord? Nicht jeder, der einen Menschen vorsätzlich umbringt, wird wegen Mordes verurteilt und bekommt eine lebenslängliche Freiheitsstrafe. Dafür muss bewiesen sein, dass er, wie es im Strafgesetzbuch heißt, »aus Mordlust, zur Befriedigung des Geschlechtstriebs, aus Habgier oder sonst aus niedrigen Beweggründen, heimtückisch oder grausam oder mit gemeingefährlichen Mitteln oder um eine andere Straftat zu ermöglichen oder zu verdecken« gehandelt hat.

Wir müssen darum also herausfinden, ob Nils das Mädchen womöglich aus Freude am Töten umgebracht hat, ob es ihn sexuell erregt hat. Oder ob es sterben musste, weil sie ihn sonst verraten hätte. Der 18-Jährige im Vernehmungszimmer stellt ihren Tod bisher als Missgeschick dar.

Ein Missgeschick?

Auch meine Kolleginnen und ich nähern uns nun dem Punkt, an dem das Opfer gestorben ist. Die Blätter, die wir auf unseren Tischen ausbreiten, werden mehr, unsere Skizzen am Flipchart detaillierter. Das Opfer liegt im Keller, Handschellen sind angelegt, es wurde geknebelt und missbraucht. Und nun? Der Täter wird es wieder anziehen, es mit einem Strick oder einem Kabel erdrosseln, es auf diese außergewöhnliche Art fesseln, ihm den Nylonsack vor den Mund binden, es in den Karton packen und später in die Abstellkammer bringen. Der Täter wird irgendwann während dieser Zeit ejakulieren, denn die Obduktionsergebnisse deuten darauf hin, dass er während des Missbrauchs noch zum Erguss gekommen ist. Dem Opfer wird Blut aus dem Mund laufen. Der Täter wird das Blut aufwischen und die Tücher im Karton entsorgen. Er wird die Spuren seines Spermas aufwischen und die Tücher ins Gebüsch werfen. Doch was passiert in welcher Reihenfolge?

Die beiden Kommissare müssen nun die sexuellen Details abfragen. Er habe sich selbst befriedigt, das hatte Nils zuvor schon zugegeben. Wann? »Als sie da lag. Aber ich hab sie dabei nicht angeschaut.« – »War sie gefesselt?« – »Ja, die Handschellen waren dran.« Er habe es getan, bevor er ihr das Kabel umband. »Ich habe mir aber keinen runtergeholt, weil sie da jetzt so lag, nicht dass die Richter das nachher glauben.« Wieder werde ich »rote Flagge« daneben schreiben, mit zwei Ausrufezeichen.

Nach der Fesselung mit dem Kabel habe er den Keller kurz verlassen und bei seiner Rückkehr festgestellt, dass Denise tot war. Ob er etwas verdecken wollte? Nein. Und das Rad, das er im Gebüsch versteckte? »Keine Ahnung, warum ich das weggebracht habe.« Und warum hat er sie überhaupt auf diese Art gefesselt, warum über den Rücken, so dass Zug auf den Hals kam und die Gefahr bestand, dass sie erstickt? »Ich war hektisch.«

Dann habe er den Karton hochgetragen. »Ich wollte in ihrer Nähe sein, weil es mir so leidtat.« Er beginnt nun zum ersten Mal zu weinen. »Ich wollte das ungeschehen machen«, sagt er. Und dann folgt ein Satz, den ich mir später im Protokoll dick unterstreichen werde: »Ich wollte sie in meiner Nähe haben – aber nicht, weil ich ihr was antun wollte.« Spricht er auf seine bewährte Art diesmal das Motiv seiner Tat aus, um es vorab zu leugnen?

Die erste Vernehmung endet. Nils wird in seine Zelle geführt.

Im Ordner vor mir findet sich keine Antwort darauf, wo und zu welchem Zeitpunkt der Täter sich selbst befriedigt hat. Ob das Opfer lebte, tot war, schon um Hals und Beine gefesselt war? Wir können es nicht sagen. Doch mittlerweile haben wir uns intensiver mit dieser Art der Fesselung beschäftigt. Ich habe eine solche Variante in all meinen Berufsjahren noch nie gesehen. Wählte der Täter sie nur aus praktischen Gründen? Um das Opfer besser in den Karton packen zu können? Wohl kaum, den Körper nach vorne zusammenzurollen, wäre einfacher gewesen. Hat ihn das bizarre, ja entwürdigende Bild, das ein derart gefesselter Mensch abgibt, erregt? Vielleicht. Eine mögliche Antwort liefert uns die Internetrecherche: Der Täter improvisierte gar nicht. Er hatte ein Vorbild. Diese Form der Fesselung ist als »Chinesische Schaukel« bekannt. Es ist eine asiatische Foltermethode. Haben wir es mit einem Sadisten zu tun?

Die Art der Fesselung hätte jedenfalls auch zum Tod des Opfers führen können. Niemand könnte dem Täter widerlegen, dass es unbeabsichtigt passiert ist. Aber im Obduktionsbericht findet sich ein Befund, der dagegen spricht: die Würgemale. Das Kabel für die »Chinesische Schaukel« war einmal um den Hals geschlungen und im Nacken verknotet. Doch der Gerichtsmediziner hat Spuren einer zweiten Strangulation gefunden. Dafür war das Kabel oder Seil zweimal um den Hals geschlungen und an dessen Vorderseite zugezogen. Schon diese Schlinge war tödlich. Das lässt nur einen Schluss zu: Der Täter hat sein Opfer vor der Fesselung umgebracht. Es wieder angezogen. Erst danach hat er es auf diese sadistisch anmutende Art gefesselt.

So muss es gewesen sein. Die Tatrekonstruktion ist bald abgeschlossen. Das Opfer ist nun tot. Es verliert aufgrund seiner inneren Verletzungen Blut, das der Täter mit einem Küchentuch von der Rolle vom Boden aufwischt. Wahrscheinlich bindet er ihm darum auch den Nylonsack vors Gesicht, damit das Blut nicht aus dem Karton sickert, in den er es nun packt. Irgendwann in der Zwischenzeit versteckt er das Fahrrad. Und bringt später den Karton, den er mit Klebeband verschlossen hat, in die Abstellkammer der Familie Wagner.

Ich muss wieder an die Mutter denken. »War es Nils?« Ich denke auch daran, dass bei der Befragung am Abend niemand Verdacht schöpfte, als alle das Kind noch suchten und Nils seine verdächtigen Lügengeschichten erzählte. Dass ein Teenager ein Mädchen umbringt? Für viele ist das schwer zu glauben. Und es scheint noch schwerer zu sein, wenn man genauer weiß, was vorgefallen ist.

Nils wird noch am gleichen Tag zu einer zweiten Vernehmung geholt. Er lügt weiter, nähert sich der Wahrheit nur, wenn er muss. Und immer, wenn er glaubt, enttarnt zu werden, behauptet er das Gegenteil von dem, was ihn noch mehr belasten könnte. Manchmal verspricht er sich jetzt auch. Warum er den Nylonsack umgebunden habe? »Ich wollte, dass sie nie wieder schreien kann. Ich meine damit also, dass sie nicht schreit. Ich meine damit, dass ich sie nicht umbringen wollte.« Er habe erst später gemerkt, dass er sie umgebracht hat. Er habe »ehrlich erst mal nichts vorgehabt«, als er sie in den Keller lockte. Er bleibt dabei, dass Denise ihm erotische Avancen gemacht habe. Behauptet, dass er nach der Tat in seinem Zimmer onaniert habe, obwohl er vorher gesagt hat, es sei im Keller neben der Toten geschehen. Wenn er tatsächlich erst in seinem Zimmer onaniert hätte, warum hätte er dann das Papier vor dem Haus entsorgen sollen, statt es einfach in der Toilette hinunterzuspülen? Nach der Sichtung seiner widersprüchlichen Ausführungen haben wir als Ergebnis vier verschiedene Versionen der Tat, die sogar noch diverse Untervarianten haben.

Aber wir Fallanalytikerinnen sind nun nahe an der Wahrheit.

Wir können den nächsten Schritt machen. Dafür gehen wir die Aussageprotokolle durch, die Widersprüche, aber auch die Signale, die roten Flaggen. Wir verbinden seine Aussagen mit den Ergebnissen unserer Analyse.

Nils hat das Mädchen in den Keller gelockt. Es ist ihm wahrscheinlich freiwillig gefolgt. Er ist vorbereitet. Er sorgt dafür, dass er genügend Zeit hat, indem er den Lichtschalter mit der Schraube fixiert, damit es nicht dun-

40

kel wird. Er hat ein Halstuch zum Knebeln mitgebracht, ein Kabel für eine Fesselung im Keller liegt bereit. Für eine Fesselung, mit der er sich wahrscheinlich zuvor intensiv befasst hat. Er hat auch Handschellen im Keller deponiert und dürfte wissen, dass er sie nicht mehr öffnen wird, wenn sie einmal umgelegt sind. Er legt sie dem Kind ohne dessen Widerstand an, womöglich indem er sagt, es sei ein Spiel. Dann zieht er es aus und missbraucht es. Er knebelt es entweder zuvor oder als es zu schreien beginnt. Dann stranguliert er es mit dem bereitliegenden Kabel. Schließlich fesselt er das tote Mädchen nach dem Vorbild der »Chinesischen Schaukel«. Er verlässt das Kellerabteil, geht kurz in die Wohnung hoch und verlässt sie bald wieder. Es ist der Moment, in dem er seiner Mutter sagt, dass er schnell die Bohrmaschine holen will. Wahrscheinlich hat er in Wahrheit die Papierrolle aus der Küche geholt. Mit dem Papier wischt er nun das Blut auf. Vermutlich befriedigt er sich selbst angesichts des gefesselten Opfers und reinigt sich mit dem Küchenpapier. Er verlässt den Keller, um das Fahrrad zu verstecken, und entsorgt die Tücher. Er kehrt zurück, bindet den Sack vor das Gesicht des Mädchens und packt es in den Karton. Er beteiligt sich an der Suche und versucht gezielt, diese in die falsche Richtung zu lenken. Er geht nachts noch mal in den Keller und bringt den Karton in die Abstellkammer. Dort wird der Karton entdeckt. Bei der Vernehmung versucht Nils, den Verdacht auf jemand anderen zu lenken und gesteht nur, was er gestehen muss. Angesichts von heiklen Details versucht er vorab eine falsche Fährte zu legen.

So wird es sich aller Wahrscheinlichkeit nach zugetragen haben.

Wir haben im Lauf der Befragungen in seinem Umfeld einiges über die Lebensumstände dieses 18-Jährigen erfahren. Die Eltern trennen sich früh, mal wohnt er bei seinen Großeltern, die streng sind, mal bei der Mutter, die überfordert ist. Zwischendurch haut er von zu Hause ab, lebt in Heimen. Zeitweise ist er auch in einer Wohngruppe untergebracht. Er hat ständig Schwierigkeiten in der Schule, lässt sich früh zu Alkohol und Drogen verführen. Nur knapp schafft er den Hauptschulabschluss und findet keine Lehrstelle. Erst kurz vor der Tat macht er seine ersten sexuellen Erfahrungen mit einem gleichaltrigen Mädchen, das am Vorabend des Mordes mit ihm Schluss macht.

Die Biographie eines Menschen dient nicht als Entschuldigung für seine Tat. Noch weniger kann sie die Mutter eines ermordeten Mädchens trösten oder das Leid mindern, das ein Täter über eine Familie gebracht hat. Doch wenn wir eine Tat bewerten wollen, müssen wir sie uns erklären. Und auch das scheinbar Unerklärbare folgt einer inneren Logik.

Wenn ein Mensch extrem gewalttätige Phantasien entwickelt und diese so stark werden, dass er sie in die Tat umsetzen muss, liegen die Ursprünge bereits in der Kindheit. Jeder Mensch hat Phantasien, die ihm helfen, sich zwischendurch aus der Realität zurückzuziehen, wenn diese gerade unbefriedigend oder belastend ist. Junge Mädchen träumen vielleicht vom Prinzen, der sie auf Händen durchs Leben trägt, Jungs vielleicht davon, ein Held zu sein. Auch Erwachsene träumen, etwa von der Insel in der Südsee oder davon, dem Chef mal richtig die Meinung zu sagen. Diese Phantasien befriedigen

Bedürfnisse. Sie beheben Mängel, beispielsweise an Anerkennung oder Zuwendung, oder sie lindern eine Kränkung. Wenn diese Mängel oder Verletzungen jedoch sehr häufig erfahren werden oder sehr groß sind, können die Phantasien besonders viel Raum einnehmen. Die Tagträume werden dann immer intensiver ausgelebt und können Formen annehmen, die man in der Fachsprache als »deviant« bezeichnet, im Alltagsgebrauch als »pervers«.

Ein Junge hat zum Beispiel keine Freunde und erlebt keinen liebevollen Umgang in der Familie. Er fühlt sich minderwertig und sehnt sich nach Größe, nach Überlegenheit. Er wird erniedrigt und träumt zum Ausgleich davon, andere zu erniedrigen. Vielleicht widerfährt ihm auch körperliche Gewalt, und er träumt davon, so stark zu sein, dass er nicht mehr geschlagen wird, sondern selbst schlägt. Vielleicht beginnt er auch, diese Träume in die Tat umzusetzen, indem er Jüngere traktiert oder Tiere quält.

In der Pubertät gewinnen diese Phantasien noch größere Wucht. Es geht auf das Erwachsenwerden zu, die gesellschaftlichen Erwartungen steigen – und damit die Frustration, wenn man sie nicht erfüllen kann. Sexualität spielt nun auch eine Rolle. Aufgrund seines schwachen Selbstwertgefühls gelingt es dem Jungen vielleicht nicht, Kontakt zu gleichaltrigen Mädchen zu bekommen. Auch das ist erniedrigend. Die erwachte sexuelle Lust und das Bedürfnis nach Größe, Macht oder Gewalt vermischen sich. Der Junge masturbiert zu seinen Macht- und Gewaltphantasien, das schafft ihm Befriedigung und Erleichterung. Er belohnt sich auf diese Art selbst: Wenn ich davon träume und masturbiere, geht es mir besser. Es setzt ein Lernprozess ein.

Die Phantasien werden wichtiger und detaillierter, sie werden vielleicht angereichert mit Komponenten aus Pornofilmen oder sexuellen Prahlereien, die er von anderen gehört hat. Vielleicht spielen nun Fesselungen eine Rolle. Vielleicht Würgen. Er weiß, dass seine Vorstellungen den gesellschaftlichen Konventionen nicht entsprechen, darum redet er mit niemandem darüber. Dadurch kann ihn niemand von seinem Weg abbringen. Vielleicht entwickelt er auch Scham- und Schuldgefühle. Aber diesen schlechten Gefühlen begegnet er mit neuen Phantasien und verschafft sich Erleichterung auf die bewährte Art. Er ist in einem Teufelskreis. Immer ausgefeilter werden die Phantasien. Irgendwann vermischen sie sich mit der Realität. Er baut wirkliche Menschen ein, womöglich Schwächere, Kinder, die er dominieren kann. Seine Frustration wird zugleich größer, da er im realen Leben weiterhin nicht beliebt, groß, mächtig und stark ist. Der Druck steigt. Im schlimmsten Fall reichen irgendwann die Phantasien nicht mehr aus und er schreitet zur Tat.

Niemand kann in den Kopf dieses jungen Täters blicken. Aber da wir nun den Ablauf rekonstruiert haben, können wir die Tat einer psychologischen Bewertung unterziehen.

Verbrechen wie dieses befriedigen bedrohliche Bedürfnisse: Überlegenheit gegenüber dem Opfer; die Macht, mit ihm zu verfahren, wie der Täter es will; Gewalt; womöglich auch Sadismus, also Lust am Leiden eines anderen Menschen. Und aus der Art und Weise ihrer Durchsetzung lässt sich darauf schließen, wie fest sich diese Bedürfnisse wahrscheinlich in der Persönlichkeit des Täters verankert haben.

Es sind kriminalistische und wissenschaftliche Begriffe aus der forensischen Psychologie, nach denen ich den Charakter der Tat nun in meinem abschließenden Bericht einordne. Es geht dabei auch darum, die wahrscheinliche Persönlichkeit des Täters einzuschätzen, so gut wir es anhand des Tatverhaltens können.

Der »Planungsgrad«? Er muss sich schon lange mit seinen Phantasien befasst haben, damit, wie man Handschellen einsetzt, wie man eine Folterfesselung anlegt. Die ausgefeilte, wohldurchdachte Vorbereitung unterstreicht das: Er hat das Halstuch, die Handschellen und das Kabel bereitgelegt. Er hat das Geschehen ständig unter Kontrolle. Fast keine seiner Taten erscheint als Reaktion auf etwas Unvorhergesehenes, etwa weil er durch Gegenwehr des Kindes überrascht worden wäre. Nein, er bestimmt alles, was geschieht. Verfährt nach Plan. Das ist sehr besorgniserregend. Je intensiver eine Tat vorbereitet wurde, desto stärker ist das Verhaltensmuster, das ihr zugrunde liegt, in der Persönlichkeit des Täters verwurzelt. Es kam anscheinend nicht »plötzlich über ihn«, sondern er hat lange zuvor die Risiken und die Dinge, die ihn faszinieren, im Geiste durchgespielt. Er hatte damit auch länger Gelegenheit, sich mit dem Unrecht seiner Tat auseinanderzusetzen, sich das Leiden seines Opfers vorzustellen, sich die Frage zu stellen: Will ich das wirklich?

Ich schreibe: »Der Planungsgrad ist als hoch einzuschätzen.«

Die Tat ist auch sehr »differenziert«. Er muss vorher

in Gedanken verschiedene Varianten durchdacht haben: Wenn sie schreit, nehme ich das Halstuch. Damit mich meine Familie nicht zum Abendessen holt, gehe ich zwischenzeitlich hoch. Die Tat war auch außergewöhnlich »spezifisch«. Er hat sich nicht damit zufriedengegeben, ein Kind spontan vom Fahrrad ins Gebüsch zu zerren. Hat er sogar schon seine eigene Handschrift entwickelt? Wahrscheinlich. Er bedient sich zumindest ungewöhnlicher Details wie der Chinesischen Schaukel. Die Phantasie hinter dieser Tat muss sich vermutlich schon länger mit brutalen Details angereichert haben. Sie dürfte ein fester Teil seiner Persönlichkeit geworden sein.

Und seine »Tatentschlossenheit«? Vermutlich stark ausgeprägt. Er lässt sich durch nichts aufhalten. Weder vom Abendessen mit seiner Familie noch davon, dass Denise erwartet wird. Er zeigt offenbar keine Ambivalenz, er zieht die Tat zügig durch, zögert wahrscheinlich nicht in seinem Tun. Er könnte jederzeit abbrechen. Aber er tut es nicht. Auch keine »Ambivalenzen«, etwa indem er versucht, nach dem Tod ein Tuch über das Gesicht des Kindes zu legen, als Anzeichen von Reue und als symbolische Wiedergutmachung, um dem Mädchen etwas Würde zurückzugeben. Ein »emotionaler Gewinn«? Auch sehr wahrscheinlich, denn er ist erregt und masturbiert.

Sein »Steuerungsvermögen«? Nicht eingeschränkt. Der Tatverlauf wirkt nicht, als wäre die Tat Folge eines psychischen »Aussetzers«. Alle Schritte seiner Tat greifen logisch ineinander, seine Entscheidungen hat er bewusst gefällt, nichts geht schief und auch nach der Tat verhält er sich sehr kalkulierend, bei der Suche ebenso wie bei der Vernehmung. Es sind kaum Stresssymptome wahrzunehmen, obwohl er gerade einen Menschen getötet hat. Man kann sich das vielleicht vorstellen wie bei einem Skifahrer, der in einem mentalen Training den Slalomlauf so lange im Kopf durchfahren ist, bis er ihn im Schlaf beherrscht.

Auch in der Vernehmung lügt er zwar auf naive Art, aber mit System. Er verfährt nach einem klaren Muster: Gefährliche Details spart er nicht aus, in der Hoffnung, dass die Rede nicht darauf kommt. Er spricht sie offensiv von selbst an, er nimmt das Ertapptwerden vorweg und lenkt gezielt mit Lügen in eine falsche Richtung. Schuldgefühle scheinen ihn nicht so sehr zu plagen, dass er schamvoll versucht, bestimmte Themen zu vermeiden. Im Gegenteil: Er versucht die Kontrolle über das Wissen der Beamten zu erlangen, indem er sie auf falsche Fährten führen will. Schon bei der ersten Lüge vom blauen Halstuch verfährt er so. Auch später beim Kabel, bei der Fesselung, und als er behauptet, es sei ihm nicht bewusst gewesen, dass er die Handschellen nicht mehr öffnen könne. Ja, höchstwahrscheinlich auch, als er behauptet, das gefesselte Kind zu sehen, hätte ihn nicht erregt. Das zeigt auch, dass er sich wohl vollkommen bewusst ist, welche Aspekte seines Tuns dieses Verbrechen noch verwerflicher machen, als es ohnehin schon ist.

Zugleich haben sich wahrscheinlich seine Phantasien mit der Realität sehr vermischt. Dass er den Beamten allen Ernstes weismachen will, Denise und Jessica hätten ihn immer wieder zum Sex aufgefordert, ist zwar eine Lüge nach seinem typischen Muster. Aber die Phantasien in Bezug auf die Kinder dürften sich sehr verfestigt haben. Er nimmt womöglich an, auch andere werden ihm glauben, dass es so geschehen sein könnte.

Und seine »Tötungsbereitschaft«? Offenbar stark ausgeprägt. Er erdrosselt sein Opfer eigenhändig. Und sehr wahrscheinlich hat er das von Anfang an eingeplant, schließlich verwendet er Handschellen, die er nicht mehr öffnen kann. Und selbst wenn das Mädchen nach dem Würgen noch gelebt hätte, wäre sie durch die Art der Fesselung früher oder später gestorben.

Ich schließe die Akten und tippe noch einen letzten Satz in meinen Bericht: »Demzufolge erscheint bei ausschließlicher Betrachtung des Tatverhaltens die Wahrscheinlichkeit gegeben, dass sich solch ein strafrechtlich relevantes Verhalten wiederholen kann und damit das Rückfallrisiko bezogen auf ein ähnliches Delikt gegeben ist.«

Drei Monate später wird Nils Wagner von einem Jugendgericht wegen Vergewaltigung und Mordes zu acht Jahren Jugendstrafe verurteilt. Der psychiatrische Gutachter diagnostiziert eine Persönlichkeitsstörung. Der Junge wird darum seine Strafe in einer psychiatrischen Einrichtung verbringen und darf erst wieder freigelassen werden, wenn als sicher gilt, dass er keine Gefahr mehr darstellt.

Seine Tat hat bei der Familie von Denise eine Wunde hinterlassen, die nie ganz verheilen wird.

Nachdem der Großvater im Präsidium zusammengebrochen ist, stabilisiert der Notarzt ihn. Zum Glück ist es kein Herzinfarkt. Denises Mutter kann zwei Tage darauf ihre Tochter zum letzten Mal sehen. Die Mitarbeiter in der Gerichtsmedizin haben dem Mädchen sein Lieblingskleid angezogen, ihm die Lieblingsmütze aufgesetzt und seine Kuscheltiere um es geschart. Einzig die Haare des Kindes liegen ungewohnt. Die Mutter geht zu ihrer Tochter, streichelt ihr über die Wange und streicht dann den Pony zurecht, so wie Denise ihn immer trug.

Die Mutter ist eine sehr tapfere Frau. Sie kümmert sich selbst um die Beerdigung ihres Kindes. Die Bestattung soll fröhlich sein, so wie es das Kind war. Denise wird in einem buntbemalten Sarg beigesetzt, wir alle von der Polizei sind anwesend. Einige Jahre später bekommt die Mutter ein zweites Kind. Es ist ein Sohn.

Ebert

Ein Loch klafft im Dach der Turnhalle. Vom First hängt ein Nylonseil herunter, es führt über den Zaun des Geländes nach draußen. Der Pfleger, der das Loch in der Nacht des 4. Oktober 1994 entdeckt, schlägt sofort Alarm. Alle Patienten des Hauses 18 im Allgemeinen Krankenhaus Ochsenzoll werden eingeschlossen. Fehlt einer? Durchzählen! Ja, einer fehlt. Die Pfleger rufen sofort die Polizei. Auch die Presse trifft schnell ein. Einige Reporter hören heimlich den Polizeifunk ab, mancher hat auch Kontakte in die Klinik. Darum hat sich die brisante Nachricht rasend schnell verbreitet: Aus Ochsenzoll ist einer ausgebrochen! In Hamburg wird »Ochsenzoll« umgangssprachlich als Synonym für »Psychiatrie« gebraucht. In Haus 18 der berühmten psychiatrischen Klinik AKO befindet sich die geschlossene forensische Abteilung, hier werden psychisch gestörte Gewalttäter, Serienmörder und Vergewaltiger untergebracht. Die Journalisten müssen nicht lange auf den Namen des Geflohenen warten, denn der Einsatzleiter entschließt sich sofort, eine Öffentlichkeitsfahndung zu starten. Der Entflohene muss so bald wie möglich gefasst werden.

Markus Ebert ist ausgebrochen.

Jeder der Polizeireporter kennt Ebert. Seit einem Jahr

ist er im AK Ochsenzoll untergebracht. Er hat vier Frauen vergewaltigt oder sexuell genötigt, drei von ihnen hat er getötet. Noch am selben Abend berichten die Nachrichten im Fernsehen von seiner Flucht und zeigen ein Bild von ihm. Die Zeitungen sind in den Tagen darauf voll von Berichten über diesen Serienmörder. Die Umgebung wird sofort abgesucht. Überall in der Stadt hängen bald Fahndungsplakate. Eine internationale Fahndung wird eingeleitet.

Was folgt, bezeichnen die Medien später als »Psychokrieg«. Ein Magazin nennt es das »Duell der Psychologinnen«. Das ist sehr zugespitzt, aber tatsächlich ist bei der folgenden Fahndung das Zusammenspiel zwischen Psychologie und Kriminalistik so bedeutend wie selten zuvor bei der Hamburger Polizei. Um zu verhindern, dass Ebert einen weiteren Mord begeht, und um ihn wieder in die Forensik zu bringen, wird es darauf ankommen, wie gut wir uns in den Kopf dieses Mannes und seiner Helfer hineinversetzen.

Seine Helfer.

Wie konnte er fliehen? Und wohin? Die ersten Antworten finden die Beamten vor Ort. Er kann nicht ohne Hilfe ausgebrochen sein. In der Turnhalle wird eine Säge gefunden, mit der er sehr wahrscheinlich das Loch in die Decke gesägt hat. Irgendjemand muss sie für ihn dorthin gebracht haben, denn die Patienten haben keinen Zugriff auf gefährliche Werkzeuge. Auch das Seil muss bereitgelegt worden sein. Vor allem aber muss er drei Sicherheitstüren passiert haben, für die zwei Schlüssel erforderlich sind. Woher hatte er die Schlüssel? Oder hat ihm jemand die Türen aufgesperrt?

Wer hilft einem Mann, der drei Frauen umgebracht hat? Und warum?

In der Klinik wird sofort das Personal befragt. Wann wurde Ebert zuletzt gesehen? Gegen 17:45 Uhr. Er verließ mit einer Therapeutin den Gang, in dem sein Zimmer liegt. Der Name der Therapeutin? Sophia Papadopoulou. Sie sei mit Ebert in ein Besprechungszimmer gegangen, um dort eine Therapiesitzung abzuhalten. Allein? Ja, sie sprach immer allein mit ihm – obwohl das offiziell verboten war. Sie sei ohnehin nur für Beschäftigungstherapie in Gruppen zugelassen, habe Ebert aber auf eigene Faust psychotherapeutisch behandeln wollen, und deshalb habe sie Probleme mit ihren Vorgesetzten gehabt. Die Polizisten werden hellhörig. Sophia Papadopoulou?

Noch in der Fluchtnacht wird Papadopoulou in die Klinik einbestellt. Sie ist gebürtige Griechin, lebt seit 18 Jahren in Deutschland und arbeitet seit zwei Jahren in der Klinik. Sie erzählt folgende Geschichte: Um 17:45 Uhr holt sie Ebert auf seiner Station ab, sperrt die Sicherheitstür des Ganges auf und geht mit ihm ins Therapiezimmer. Nach dem Gespräch bringt sie ihn zurück und zieht die Tür zum Gang wieder zu. »Klar, es kann natürlich sein, dass die Tür nicht richtig geschlossen hat, das will ich nicht beschwören«, sagt sie. Es ist angeblich 18:20 Uhr. Danach kehrt sie ins Therapiezimmer zurück, schiebt die Stühle zurecht und fährt nach Hause. Ebert habe übrigens unkonzentriert gewirkt. Am Tag zuvor sei er sehr erbost gewesen. Ihm sei mitgeteilt worden, dass sein offiziell zuständiger Psychiater die Therapie abbrechen wolle. Die zweite gescheiterte Therapie. Das bedeutet, dass er als »untherapierbar« eingestuft wird, und die Strafvollstreckungskammer des Gerichtes höchstwahrscheinlich eine Verlegung von der Klinik ins Gefängnis anordnet.«Er hat gesagt, dass er den Knast nicht überleben würde«, sagt Papadopoulou; er habe von Flucht gesprochen. Sie habe das nicht ernst genommen.

Wohin könnte er geflohen sein?»Er hat gesagt, dass er seine frühere Freundin umbringen will, weil sie vor Gericht gegen ihn ausgesagt hat.« Papadopoulou habe auch das nicht ernst genommen.»Die Freundin lebt in Berlin.« Vielleicht ist das sein Ziel? Berlin? Sah jemand, wie sie ihn zurückgebracht hat? Sie nennt zwei Zeugen. Und liefert noch eine Information: Ebert habe schwarze Jeans und ein graues Hemd getragen. Seine Haare habe er übrigens auffällig mit Gel nach hinten gekämmt.

Berlin? Ein Mordplan? Eine andere Frisur? Hat er sein Aussehen absichtlich verändert? Haben wir hier eine erste Spur?

Die Beamten verlassen den Raum. Bei ihrer Rückkehr haben sie Papadopoulou etwas mitzuteilen:»Sie werden ab sofort als Beschuldigte vernommen. Ihnen wird Gefangenenbefreiung vorgeworfen.« Papadopoulou hat gelogen. Die anderen Kollegen haben parallel Befragungen durchgeführt. Die Zeugen, die Papadopoulou nannte, haben Ebert überhaupt nicht zurückkehren sehen. Niemand hat ihn mehr gesehen, nachdem Papadopoulou ihn abholte. Er sah an diesem Tag auch aus wie immer, hatte kein Gel im Haar und trug auch keine schwarze Jeans und kein graues Hemd. Will diese Frau die Polizei auf eine falsche Fährte führen? Fast alle Befragten in der Klinik verdächtigen Papadopoulou, Ebert geholfen zu haben. Die Nähe zwischen Ebert und ihr sei auffällig gewesen.

Sie habe mehrere Abmahnungen erhalten, weil sie trotz fehlender Erlaubnis Einzelsitzungen mit Ebert abhielt. Papadopoulou sei überzeugt gewesen, dass er in Ochsenzoll falsch behandelt werde. Er leide an einer »multiplen Persönlichkeitsstörung« und niemand außer ihr habe das begriffen. Sogar eine Kündigung sei mündlich ausgesprochen worden, heißt es, Papadopoulou habe diese allerdings erfolgreich anfechten können.

Die Vernehmenden haken nach. Wie konnte Ebert durch die Türen gelangen? »Bei der letzten Weihnachtsfeier ist ein Schlüsselbund verschwunden und erst nach ein paar Wochen wieder aufgetaucht«, sagt Papadopoulou. »Vielleicht hat er die Schlüssel von jemandem nachmachen lassen.« Niemand aus der Klinik kann sich daran erinnern, dass auf einer Weihnachtsfeier Schlüssel verschwunden wären. Wie könnte Ebert seine Flucht finanzieren? »Vor einigen Monaten wurde die Kaffeekasse gestohlen«, behauptet sie. Auch von einer gestohlenen Kaffeekasse weiß niemand. Papadopoulou beharrt: »Ich habe ihm nicht geholfen.« Aber wir haben einen ersten Ansatzpunkt. Eine Verdächtige.

Wenn die Polizei nach einem Menschen sucht, sei es ein Tatverdächtiger oder ein entflohener Straftäter, gibt es zwei Arten der Fahndung. Hier wenden wir beide an. Die öffentliche Fahndung, bei der wir hoffen, dass irgendjemand ihn sieht und uns einen Hinweis geben kann, der zu ihm führt. Und die Zielfahndung, bei der wir in seinem Umfeld nach Spuren forschen, die uns zu ihm führen können.

Der aus der Psychiatrie entflohene Mörder ist auf freiem Fuß. Das Fernsehen und alle Zeitungen berichten jeden

Tag darüber. Bundesweit hängen Fahndungsplakate aus. Für Hinweise, die zu seiner Ergreifung führen, werden 20 000 Mark als Belohnung ausgeschrieben. Innerhalb von zwei Wochen gehen 412 Hinweise bei uns ein. Sie führen in viele Richtungen – aber nicht zum Gesuchten.

Und wo können wir im Umfeld ermitteln? In der Klinik bei Angestellten und Patienten. Bei seiner Familie. Bei Bekannten, zu denen er Kontakt gehalten hat. Bald steht eine Liste von 270 Personen, die dafür in Frage kämen, ihm geholfen zu haben. Oder zumindest in seine Pläne eingeweiht sein könnten. Die Vernehmungen laufen auf Hochtouren. Eberts Angehörige sagen, es gebe keinen Kontakt zu ihm, sie seien selbst überrascht von der Flucht. In der Klinik und unter seinen Bekannten will keiner etwas von der Flucht geahnt haben, geschweige denn, beteiligt gewesen sein. Und Papadopoulou behauptet weiterhin, nichts mit Eberts Verschwinden zu tun zu haben. Es finden Hausdurchsuchungen bei Papadopoulou, Eberts Angehörigen und anderen potentiellen Helfern statt. Vorerst keine Spur.

Die Sorge in der Bevölkerung wird jeden Tag größer: Ein Serienmörder läuft frei herum! Wir stellen den Angehörigen der Opfer und den Exfreundinnen, die gegen Ebert ausgesagt haben, Beamte zur Seite. Auch der Frau, die Ebert angeblich ermorden will. Der Druck der Medien wächst. Was tut die Polizei? Wann mordet er wieder? Es ist schwer für uns, Worte zu finden, die weder verharmlosen noch Panik schüren.

Gleich in den ersten Tagen werde ich in die Fahndung eingebunden. Ich arbeite erst seit ein paar Jahren bei der Polizei. In Deutschland spielt die Psychologie in der polizeilichen Ermittlungsarbeit in dieser Zeit noch keine bedeutende Rolle. Aber die Polizei hat es nun mit einem psychisch gestörten Serienmörder zu tun. Die Kollegen brauchen mich als »Dolmetscherin«, um einordnen zu können, was die Ausführungen der Psychiater und Therapeuten für die Fahndung bedeuten. Außerdem soll ich eine Einschätzung abgeben: Wie gefährlich ist Ebert auf seiner Flucht?

Wir sprechen mit seinen Therapeuten und Gutachtern, ich nehme mir die Berichte über den Serienmörder, die Vernehmungsprotokolle von Freunden und Angehörigen vor. Niemand aus seinem Umfeld hätte ihm die Gewalttaten zugetraut, so liebesbedürftig, anbiedernd, freundlich und charmant wie er wirkt. Interessant. Das kann für die weitere Fahndung von großer Bedeutung sein.

Im Mai 1992 lauert er einer Schülerin auf dem Nachhauseweg auf, bedroht sie mit einem Messer und zwingt sie in seine Wohnung. Dort fesselt und knebelt er sie. Als er sie mit einem Brotmesser einschüchtert, gibt sie ihren Widerstand auf. Er löst den Knebel und führt Geschlechtsverkehr durch. Danach setzt er sie zu Hause ab. Die junge Frau zeigt ihn an und führt die Polizei zu seiner Wohnung. Der Richter verurteilt ihn im Mai zu 18 Monaten Haft auf Bewährung. Ebert hatte erklärt, dass er davon ausging, der Geschlechtsverkehr sei »auf freiwilliger Basis« geschehen: Sein Opfer habe sich ja nicht mehr gewehrt. Der Richter sagt, dass sich die Aussage nicht widerlegen lässt. Das Urteil wird später als Justizskandal gewertet.

Im Juni 1992, nicht einmal einen Monat nach dem Überfall auf die Schülerin, wird auf einem Acker außerhalb Hamburgs die nackte Leiche einer zweifachen Mutter gefunden. Bald darauf zieht Ebert aufs Land. Im Januar 1993 wird dort in einem Wald die nur mit einem Slip bekleidete Leiche einer jungen Kosmetikschülerin gefunden. Eine Nachbarin von Ebert. Mittels Spuren in seinem Auto kann Ebert überführt werden. Er gesteht nicht nur diese beiden Morde, sondern auch den bis dahin ungeklärten Sexualmord an einer Hamburger Studentin im November 1989.

Drei Vergewaltigungen und zwei Morde? Innerhalb eines Jahres?

Der Drang zu töten dürfte extrem stark gewesen sein. Ich bin mir sicher: Wenn er nicht gefasst worden wäre, hätte er weiter gemordet. Sein Gutachter vor Gericht stufte ihn als hochgefährlich ein.

Genau das ist das Problem.

Ich betrachte sein Tatmuster. Er verfuhr immer auf die gleiche Art: Er bedrohte seine Opfer auf offener Straße, verschleppte sie in seine Wohnung, fesselte sie und verging sich an ihnen. Er quälte sie auch. An einem Opfer fanden sich Brandspuren von Zigaretten, andere hatten Schnitte oder Wunden, die durch ein Werkzeug oder einen Biss entstanden waren. Alle strangulierte er und legte sie nackt oder halbnackt auf einem Acker oder in einem Wald ab. Seinem letzten Opfer brachte er postmortale Verletzungen bei. Er trennte der Frau die Hände ab. Das werteten die Gutachter vor Gericht als Versuch des Vertuschens. Er habe mögliche Spuren unter ihren Fingernägeln verschwinden lassen wollen. Kurz vor dem Mord hatte die regionale Zeitung darüber berichtet, dass ein Mörder wegen solcher Spuren überführt worden war.

Ebert hatte sich anscheinend akribisch vorbereitet und war bereit zu lernen, um seine Vorgehensweise weiterzuentwickeln. Ein weiteres alarmierendes Anzeichen. Er trennte der Frau auch das linke Augenlid ab. Ich schüttele den Kopf. Das diente nicht der Vertuschung.

Das weist auf Sadismus hin.

Ein Sadist? Er hat jedenfalls bereits eine ausgeprägte eigene Handschrift entwickelt. Im Fachjargon nennt man das einen »hohen Differenzierungsgrad«: Seine Phantasien sind schon so lange in einem Täter gereift, dass er sie bis ins Detail durchgespielt hat. Entsprechend tief sitzt wohl auch das Bedürfnis, sie durchzuführen.

Und das Jahr in der psychiatrischen Klinik? Hat es seinen Drang eindämmen können?

Es hieß über Ebert, er sei »untherapierbar« und habe keinen Zugang zu seinen Aggressionen. Das passt zu der »Diagnose«, die Papadopoulou für ihren »Lieblingspatienten« gestellt hat: »Multiple Persönlichkeitsstörung«. Wie sich herausstellt, hat Ebert selbst diese Krankheit an sich diagnostiziert und Papadopoulou davon überzeugt. Ein Mensch mit dieser Störung soll angeblich aus mindestens zwei Persönlichkeiten bestehen, die nichts voneinander wissen. Handelt die eine, haben die anderen keinen Einfluss darauf. Ja, es kann sogar sein, dass die anderen Persönlichkeiten sich gar nicht daran erinnern, was beispielsweise Persönlichkeit Nummer 7 getan hat. Denn Nummer 7 und ihre Taten haben nichts mit dem restlichen Menschen zu tun, sie ist ein Fremdkörper in seiner Psyche. Ein großer Teil der Psychiater und Psychologen hält dieses Störungsbild generell für fragwürdig.

Ebert behauptet, dass er in sich zahlreiche verschiedene Persönlichkeiten entdeckt habe. Es sei eine dieser Persönlichkeiten gewesen, die Frauen vergewaltigte und mordete. Er könne also nichts dafür. Er ist genauso ein Opfer wie jene Frauen, die diese fremde »böse« Person in ihm umgebracht hat. Ich kann mir gut vorstellen, wie schwierig eine Therapie mit Ebert sein kann: Er externalisiert, das heißt, er übernimmt keine Verantwortung für seine Taten. Ein Mensch, der tiefsitzende gewaltbereite und sadistische Anteile in sich trägt, ist ohnehin schwer zu behandeln, aber ein Mensch, der sich mit diesen Anteilen nicht auseinandersetzt, weil sie angeblich nichts mit ihm zu tun haben, ist überhaupt nicht zu therapieren.

Durch die Zeit in der Klinik hat sich seine Gefährlichkeit also nicht vermindert. Und wie sieht seine jetzige Lage aus? Die Fahndung lief rasend schnell an, er hatte also nicht viel Zeit, sich durch das Land zu bewegen, ohne entdeckt zu werden. Wir gehen darum davon aus, dass er sich momentan irgendwo versteckt hält und abwartet. Wie geht er mit dieser Situation um?

Ich betrachte seine Persönlichkeitsstruktur: Borderline-Anteile, narzisstische Persönlichkeitsanteile, paranoide Persönlichkeitszüge. Ein Borderliner kann seine Emotionen schwer unter Kontrolle halten, kleinste Belastungen können ihn aus dem Gleichgewicht bringen. Er hat ein unstillbares Bedürfnis nach Nähe und kann es schwer aushalten, allein zu sein, auch wenn ihm Nähe und Abhängigkeit von anderen zugleich sehr viel Angst machen – Angst vor der Enttäuschung und dem Verlassenwerden. Ein Narzisst muss seine Nichtigkeitsgefühle ausgleichen, indem er sich selbst und anderen Grandiosität und Einzigartigkeit vorgaukelt, was der Realität nicht entspricht – und er reagiert unangemessen heftig auf leichte Kritik und Kränkungen. Ein Paranoider kann niemandem vertrauen und wittert überall Verschwörungen gegen sich, lebt also ständig in Angst.

Wie fühlt sich ein solcher Mensch in Eberts momentaner Lage? Einsam. Ausgeliefert. Ohnmächtig. Getrieben. Und auch gekränkt und bedroht.

Alle Zeitungen berichten über seine Taten. Er wird als gefährlich bezeichnet, Details seiner Morde werden geschildert, in Leserbriefen diskutieren Leute über die Todesstrafe für Menschen wie ihn. Ein unerträglicher Angriff auf sein grandioses Selbstbild, da er sich selbst doch als guten, aber kranken Menschen wahrnimmt. Jede Kränkung fühlt sich für einen Menschen mit Eberts Störungsbild existenziell vernichtend an. Was bedeutet das? Ich blicke nochmals auf seine Morde. Er beging sie genau in Momenten wie diesem. Als Anlass für seine Taten gab er an, dass er Streit mit seiner jeweiligen Freundin hatte, gekränkt war. Jetzt befindet er sich in einer ähnlichen belastenden Situation für sein Selbstwertgefühl. Könnte es sich um ein »Triggermoment« handeln? Ja, das kann gut sein. Es könnte in ihm brodeln. Das Einzige, was uns momentan etwas beruhigt: Noch dürfte er so intensiv mit seinem Fluchtplan beschäftigt sein, dass seine innere Unruhe in Zaum gehalten wird. Ich bespreche mit den Kollegen das Ergebnis. Sie haben bereits damit gerechnet. »Die Frage ist nicht, ob Ebert wieder morden wird, die Frage ist: Wann wird er es tun«, sagt Chefermittler Reinhard Chedor. Ich nicke.

Mittlerweile ist eine Sonderkommission mit über 50 Mitarbeitern eingesetzt worden, Ermittler, Zielfahnder, Observierungskräfte, Pressesprecher, Techniker und Juristen. Wir haben immer noch keine Spur von Eberts Aufenthaltsort oder dem Fluchtweg. Immerhin haben die Ermittlungen in der Klinik weitere Ansatzpunkte erbracht. Bei der Durchsuchung von Eberts Zimmer machen die Ermittler eine Entdeckung. Sein Adressbuch. Eine Seite ist herausgerissen. Die Seite mit »P«. Die Nummer, die auf dieser Seite notiert war, hat sich jedoch auf das darunter liegende Blatt durchgedrückt. Es ist kein großer kriminaltechnischer Aufwand nötig. Mit einem Bleistift schraffiert ein Beamter die Stelle, dann schimmern ein Name und eine Nummer durch: die Privatnummer von Sophia Papadopoulou. Wenige Tage nach Eberts Flucht wäre sie aus disziplinarischen Gründen auf eine andere Station versetzt worden. Es war also die letzte Chance, mit ihrer Hilfe zu fliehen, um dem bevorstehenden Wechsel ins Gefängnis zu entgehen. Das war vermutlich der unmittelbare Fluchtauslöser.

Doch wohin könnte er geflohen sein? Die Geschichte von der Berliner Exfreundin, die Ebert angeblich ermorden wolle, erscheint mir aus psychologischer Sicht unglaubwürdig. Ebert muss ständig betonen, dass seine Taten nicht seiner Kontrolle unterliegen, aber zugleich kündigt er einen Mord im Voraus an? Nein, Papadopoulou hat versucht, eine falsche Fährte zu legen. Zudem scheint Ebert kein Mörder aus Rache zu sein. Seine Bestrafungsphantasien richteten sich eher gegen fremde Frauen als gegen die Menschen, von denen er sich tatsächlich frustriert fühlte. Die Exfreundin ist wahrscheinlich nicht in

Gefahr. Aber vielleicht ist Papadopoulou, seine Helferin, selbst gefährdet? Wohl kaum. Er ist auf sie angewiesen, er braucht sie. Wenn, dann verlässt er sein Versteck, um eine fremde Frau zu töten. Und wann wird es so weit sein? Der erste Schock kommt bald.

Im Präsidium ereilt uns eine Nachricht, die uns das Blut in den Adern gefrieren lässt: »Frauenleiche gefunden, Hamburg-Bramfeld, mit mehreren Messerstichen getötet.«

Ebert? Ist der Supergau eingetreten?

Als die Kollegen mir davon berichten, werde ich skeptisch. Messerstiche? Ebert hat zum Töten nie Messer benutzt. Außerdem war die Leiche bekleidet. Ebert aber hat seine Opfer immer nackt oder halbnackt abgelegt. Es wäre außergewöhnlich, dass ein Mörder sein ihm eigenes, so ausgeprägtes Muster gänzlich verändert. Tatsächlich wird dieser Mord sehr schnell aufgeklärt. Es war der Ehemann des Opfers. Aber wir wissen: Mit jedem Tag steigt das Risiko.

Unsere einzige »heiße« Spur heißt weiterhin Papadopoulou. Auch wenn die Indizien deutlich sind, haben wir noch nicht genug in der Hand, um sie festzunehmen, in der Hoffnung, dass sie unter dem Druck der Haft Eberts Versteck preisgibt. Sie wird observiert, ihr Telefon wird überwacht. Wir hören, wie sie Freunden erzählt, dass sie mit Ebert »eine geistige Liebe wie Meditation« verbinde, »er hat Sachen erzählt, die er sonst niemandem erzählt«. Ebert habe ihr gesagt: »Sie hat mir der Himmel geschickt! Sie sind meine einzige Hoffnung!« Und Papadopoulou sagt: »Er würde es im Knast nicht schaffen. Er würde sich umbringen! DAS ist das Problem.«

63

Doch weder verrät sie am Telefon etwas über die Flucht, noch führt sie uns zu Ebert. Papadopoulou ahnt bestimmt, dass sie überwacht wird, schließlich wurde sie bereits als Beschuldigte vernommen. Dennoch dürfen wir eine Hypothese nicht außer Acht lassen: Vielleicht weiß sie tatsächlich nicht, wo Ebert sich aufhält.

Womöglich hat sie ihm nur beim Ausbruch geholfen, und er schlägt sich nun auf eigene Faust durch? Wäre er imstande, eine solche Flucht alleine durchzustehen? Wir diskutieren das in unserer morgendlichen Runde. Ich kann es mir nicht vorstellen, sage ich. Ebert ist nicht fähig, eine Flucht organisatorisch fehlerfrei zu bewältigen. Seine Persönlichkeit steht ihm dabei im Wege. Bekannte beschrieben ihn schon als einen »Schwätzer und Träumer«, der in der Wirklichkeit nicht außerordentlich erfolgreich ist. Ein krankhafter Narzisst hätte bestimmt eine vollkommen unrealistische Fluchtvision gehabt – einzigartig, großartig, aber in der Wirklichkeit nicht umzusetzen. Und obwohl er von seiner eigenen Genialität überzeugt ist, hat er lediglich einen durchschnittlichen IQ. Nein, ohne Hilfe hätte dieser Mann mit Sicherheit bereits einen gravierenden Fehler begangen und wäre erkannt und gefasst worden.

Die Bestätigung folgt bald.

Sie kommt in Form eines anonymen Hinweisbriefes. Er stammt aus einer Justizvollzugsanstalt und ist auf einer Schreibmaschine getippt.

»Vor seiner ersten Verurteilung war M. E. bereit zur Flucht«, schreibt der Absender. Aus jener Zeit wisse er: Ebert hat keine Kontakte zur Unterwelt und daher weder gefälschte Papiere noch finanzielle Unterstützung aus dieser Richtung. Aber Ebert habe seit Jahren einen Plan. »Sollte der Ausbruch gelingen, steht in nächster Nähe ein Auto bereit.« Am Steuer eine Frau, da die Polizei nur einen Mann sucht. Ebert versteckt sich im Auto, mit dem er direkt zu einer Fluchtwohnung gefahren wird. Der Schreiber ist überzeugt: »M. E. wird sich jetzt in dieser Fluchtwohnung / Haus aufhalten.« Er führt weiter aus: Ebert wartet und verändert sein Aussehen, nimmt stark ab, lässt seine Haare wachsen oder rasiert sie und verändert seinen Teint unter einem Solarium. Erst dann macht er sich mit einem falschen Pass auf die Reise. Das Ziel: wahrscheinlich die Kapverden, eine Inselgruppe vor Afrika. Seine Familie ist in den Plan nicht eingeweiht. Aber: »Ohne Hilfe ist M. E. nicht in der Lage, diese Zeit der Verwandlung durchzuführen.«

Das klingt plausibel.

Bald schon sitzen die Ermittler dem Absender gegenüber, der noch immer sehr wütend auf Markus Ebert ist. Ein Türsteher, der wegen Körperverletzung einsitzt. Er teilte einst in der Untersuchungshaft mit Ebert die Zelle. Auch er ließ sich von Eberts Freundlichkeit und Charme überzeugen, war sicher, dass dieser unschuldig ist, so glaubwürdig wirkte sein netter Zellenkollege. Als Ebert später gestand und verurteilt wurde, brach für den Zellennachbarn eine Welt zusammen: Wie konnte er sich so blenden lassen! Im Gespräch schwört der Mann: Er würde alles tun, um uns zu helfen, dass wir diesen »Sittich« fassen, wie die verhassten Sittlichkeitsverbrecher im Knast genannt werden. Aber mehr, als er geschrieben hat, weiß er leider auch nicht.

Zwei Wochen sind mittlerweile vergangen. Die Presse

fragt ständig nach, warum der gefährliche Mörder weiterhin auf freiem Fuß ist. Unsere Arbeit wird immer wieder kritisiert, angeblich habe es Pannen gegeben, wir hätten beispielsweise ein veraltetes Bild zur Fahndung herausgegeben. Es sind aber andere Berichte, die ein größeres Problem für uns darstellen. Eine Zeitung interviewt einen Parapsychologen, der Ebert während einer Séance auf einer Insel mit Windmühlen gesehen haben will. Dutzende Hinweise von Inseln und Windmühlen gehen bei uns ein. Ein anderes Blatt spricht mit dem Abenteurer und Dschungelexperten Rüdiger Nehberg. Er sagt, ein Mensch könne in den Wäldern um Hamburg wochenlang überleben, wenn er sich etwa von Würmern ernähre. Wir müssen die Bevölkerung beruhigen, indem wir erklären, wie ausgesprochen unwahrscheinlich es ist, dass Ebert in einem Wald haust und Würmer kaut.

Aber die aufgeregte Berichterstattung bietet uns auch eine Chance. In Eberts Versteck steht bestimmt ein Fernseher, und gewiss lässt er sich auch mit den neuesten Zeitungsartikeln versorgen. Diesen Genuss, derart im Mittelpunkt zu stehen, würde ein Narzisst sich nicht entgehen lassen. Und ein Paranoiker will unbedingt wissen, was die Polizei vorhat. Können wir auf diesem Wege Einfluss auf Ebert nehmen? Wir erstellen ein Medienkonzept. Wir müssen verhindern, dass er mordet. Und vielleicht können wir ihn auch zu einem Fehler bewegen.

Gemeinsam mit dem Soko-Chef Reinhard Chedor und dem Pressesprecher Werner Jantosch überlege ich, wo wir ansetzen können. Sollen wir Ebert provozieren? In aller Schärfe und Deutlichkeit über seine Gefährlichkeit berichten? Wir könnten klarstellen, wie unglaubwürdig die vermutlichen Fluchtgründe sind, über die in den Zeitungen auch schon berichtet wurde: die angeblich falsche Therapie. Wir könnten ihn enttarnen als nicht therapiefähig und darum gefährlich. Wie würde er reagieren? Ich glaube, die Chancen wären nicht gering, dass er aufgrund seines gekränkten Narzissmus klarstellen will, dass er gut und nicht böse ist, ein Opfer und kein Täter. Vielleicht würde er bei einer Zeitung oder einem Radiosender anrufen, um sich ins rechte Licht zu rücken. Mit einer Fangschaltung könnten wir ihn ausfindig machen. Es könnte aber auch etwas anderes passieren: Diese Kränkung trifft ihn so sehr, dass er seine Frustration irgendwie abbauen muss. So wie er sie schon mindestens drei Mal abgebaut hat.

Nein, die emotionale Belastung für Ebert muss so niedrig wie möglich bleiben.

Sollten wir Verständnis für seine Lage und seinen Ausbruch zeigen, um ihn zu beruhigen? Nein! Das wäre ein falsches Signal an die Öffentlichkeit und auch an die Angehörigen seiner Opfer. Wir müssen Fahndungsdruck aufbauen: so viel, dass er sein Versteck nicht verlässt. Denn wenn er beginnt, durch die Straßen zu streifen, kann es gefährlich werden. Wir müssen über die Medien deutlich signalisieren, dass wir jeden Winkel der Stadt im Auge behalten und die Bevölkerung uns bei der Suche unterstützt. Aber ansonsten sollten wir versuchen, seine Kränkung möglichst gering zu halten. Ich blicke auf die Zeitungsartikel. Mit Rotstift habe ich einige Stellen markiert: »Monster!«, »Bestie!« Die Aggression, die solche narzisstischen Kränkungen hervorrufen, kann ein Mann mit dem geschilderten Profil auf Dauer nicht still hinnehmen. Wir müssen versuchen zu verhindern, dass die Belastung zu groß wird. Die Medien sind unabhängig, das wissen wir. Trotzdem können wir versuchen, Verständnis zu wecken. Hier geht es um Menschenleben.

Es ist ein angenehmes, offenes Gespräch, das Chefermittler Reinhard Chedor am nächsten Tag mit den Hamburger Polizeireportern führt. Sie sagen zu, dass sie mit persönlichen Angriffen auf Ebert vorsichtiger sein werden. Dann übermittelt Chedor unsere vorbereiteten Botschaften. »Aufgrund seines Organisationstalents ist Ebert nicht unbedingt auf Hilfe angewiesen. Wenn er überhaupt Helfer hat, würden diese ihn eher aus finanziellen Gründen unterstützen.« Diese Beschreibung trifft auf seine tatsächliche Situation vermutlich nicht zu, aber wenn Ebert das liest, wird seine Sorge geringer sein, dass seine Helfer auffliegen. Chedor fährt fort: »Wir haben Hinweise aus dem Umfeld, dass er plant, ins Ausland zu fliehen.« Das könnte ihn daran hindern, zu seinem Ziel aufzubrechen. »Aufgrund seines prägnanten Äußeren, der schiefen Nase, seiner Größe von einsneunzig und seines auffälligen Gangs würde er sofort erkannt werden, wenn er sich vor die Tür wagt.« Das sollte zunächst genügen, damit Ebert sein Versteck vorerst nicht verlässt.

Der Hinweis aus dem Gefängnis hat uns in unserer Annahme bestärkt. Ebert sitzt in einer Wohnung, wahrscheinlich noch in Hamburg. Irgendjemand hat sie für ihn angemietet und versorgt ihn dort. Papadopoulou? Doch vor allem braucht Ebert Geld. Die Ermittler haben Papadopoulous Hamburger Konten überprüft: kein Guthaben. Ihr Einkommen als Beschäftigungstherapeutin reicht gerade für den eigenen Lebensunterhalt. Aber wer sonst könnte Ebert helfen?

In Frage kommen das Klinikpersonal und Eberts regelmäßige Besucher. 270 Menschen! Seine Angehörigen immerhin scheiden mit ziemlicher Sicherheit aus. Die Überwachungen und Vernehmungen haben keine Anhaltspunkte ergeben, und der Hinweis des Zellennachbarn »kein Wort an die Familie« ist sehr glaubwürdig. Es gibt ein Kriterium, mit dem wir die Auswahl eingrenzen können: Der Helfer muss über ausreichende Mittel verfügen. Allerdings kommen auch dann noch mehrere Dutzend Personen in Frage. Doch gerade bei einem paranoiden und narzisstischen Menschen spielt auch noch ein weiterer Aspekt eine bedeutende Rolle: die Psyche des Helfers, dessen Persönlichkeit, und die Bindung zwischen Helfer und Schützling. Ich zeichne Skizzen, markiere Passagen in den Akten und telefoniere noch mal mit Therapeuten und Gutachtern.

Welche Eigenschaften muss Eberts Helfer aus psychologischer Sicht haben? Und wie können wir ihn erkennen?

Welche Gründe gibt es, jemandem wie Ebert zu helfen? Es gibt zwei: Habgier oder Zuneigung. Habgier scheidet aus, weil Ebert mittellos ist. Also Zuneigung. Es muss ein Mensch sein, der sich von Ebert beeinflussen lässt und sich zu ihm hingezogen fühlt. So wie Sophia Papadopoulou. Diese Frage hat bereits die Öffentlichkeit fassungslos gemacht: Wieso lässt sich eine diplomierte Psychologin in der forensischen Psychiatrie derart um den Finger wickeln? Von einem Frauenmörder? Die Antwort: Es ist wie mit Schlüssel und Schloss. Wenn sie zueinander passen, geht die Tür auf. Wie ein Schlüssel hat auch das Verhaltensmuster eines jeden Menschen eine spezifische Form, die von seinen Persönlichkeitsanteilen geprägt ist. Ich betrachte Eberts Diagnosen. Was strahlt ein Mensch mit einem Störungsbild wie diesem aus? Da wäre die Paranoia: Die Welt hat sich gegen mich verschworen, ich bin in Gefahr! Der Narzissmus: Dabei bin ich doch etwas ganz Besonderes, Einzigartiges, ich habe Besseres verdient! In dieser Opferhaltung wirkt ein solcher Mensch sehr hilfsbedürftig, was auch typisch ist für Borderline-Persönlichkeiten. Sie brauchen in ihrer permanenten emotionalen Überforderung jemanden, der ihnen beisteht, einen Helfer und Retter. Diesen Menschen idealisieren sie. Kommt auch noch eine narzisstische Komponente hinzu, dann ist die Idealisierung besonders ausgeprägt, da Narzissten ohnehin nur in allergrößten Kategorien denken.

Wenn ich die Vernehmungsprotokolle betrachte, dann sieht das Signal, das Ebert seiner Therapeutin in der Klinik gesendet hat, wohl tatsächlich so aus: »Ich bin ein ganz außergewöhnlicher Fall, ein in Wahrheit guter Mensch mit einer extrem seltenen, tragischen Störung. Und keiner hilft mir! Magst du mein Retter sein? Bist du der einzige Mensch auf der Welt, der mir helfen kann?« Für manche kann das eine unwiderstehliche Verführung darstellen.

Wenn man Papadopoulous Situation betrachtet, könnte ein solcher Schlüssel sehr gut passen. Auch sie fühlt sich von der Klinik ungerecht behandelt. Sie ist eigentlich Psychologin, darf aber nur die Beschäftigungstherapie leiten. Sie klagt unüberhörbar über Missstände in der Klinik, und keiner nimmt sie damit ernst. Im Gegenteil, sie bekommt Rügen, später Abmahnungen. Sie wird nicht wertgeschätzt! Wenn ein solches Gefühl zum Lebensthema wird, kann es enorme Macht über einen Menschen bekommen. Es kann sie zu Straftätern machen wie Ebert. Oder zu Helfern. Braucht Papadopoulou das Gefühl, gebraucht zu werden? Dass sie für einen anderen Menschen wichtig ist, weil dieser auf sie angewiesen ist? Falls ja, hat sie mit Ebert das große Los gezogen. Ein Mann, der ihr sagt: Nur du kannst mich retten! Im gerechten Kampf gegen diese bösen Menschen, unter denen auch du leidest. Im Einzelnen bleibt vieles unklar. Aber wenn der Schlüssel passt, geht die Tür auf. Dann heißt es: »Wir zwei gegen den Rest der Welt!«

Aber dass er drei Frauen brutal ermordet hat? Das muss einen Helfer doch vorsichtig werden lassen? Eigentlich ja. Doch wenn das Bedürfnis nach Anerkennung und Gebrauchtwerden tief sitzt und sehr groß ist und nun die lang ersehnte Erfüllung lockt, blenden Menschen vieles aus. Einer Konfrontation mit unliebsamen Wahrheiten gehen sie aus dem Weg. Sie lassen sich ihren Traum nicht von hinderlichen Ratschlägen oder Warnungen verderben, nicht von all den »Neidern«, »Skeptikern« und »Ignoranten«.

Ebert scheint es anderen zudem sehr leichtzumachen, seine gefährlichen Seiten auszublenden. In der persönlichen Begegnung kann er offenbar sehr überzeugend wirken. Ich rufe meinen ehemaligen Professor an, der ihn in der Klinik begutachtet hat. Ein auffälliger Patient, sagt mein Professor, einer, an den man sich lange erinnert, auch ein gefährlicher Patient, gewissermaßen ein großer Verführer. »Er kann auch rechtschaffene und intelligente

Menschen für sich gewinnen, obwohl er in Wahrheit ein extrem hohes Aggressionspotential hat.« Wenn Ebert von jemandem abhängig sei, so wie von ihm als Gutachter, wirke er fast devot. Er habe dann eine milde Art, sei höflich und eloquent, erscheine zugewandt und keineswegs bedrohlich. Ebert könne außerordentlich charmant sein, ja, nahezu einfühlsam wirken. »Aber diese Freundlichkeit erscheint mir instrumentell«, sagt der Professor. »Der Mann ist hochgradig manipulativ.« In der Forensik begegnen einem immer wieder Menschen mit einer solchen Persönlichkeitsstruktur. Sie empfinden in der Regel kein wirkliches Mitgefühl, können sich nicht gut in andere hineinversetzen. Aber sie haben im Lauf ihres Lebens gelernt, die Signale ihres Gegenübers zu lesen: Was muss ich tun, damit ich von meinem Gegenüber bekomme, was ich brauche?

Manche von ihnen haben ein freundliches, fast anbiederndes Auftreten. Es ist Teil dieses Manipulationsmechanismus. Diese Anschmiegsamkeit scheint zwar in starkem Widerspruch zu den grausamen Taten zu stehen, die diese Menschen begangen haben. Doch in Wahrheit hängt sie sogar mit der Grausamkeit zusammen. Sadisten haben meist in ihrer Kindheit selbst Erniedrigungen und physische oder psychische Gewalt erfahren. Das führte zu großer Aggression, die aber nicht zugelassen wurde, weil die Bezugspersonen nur mit noch mehr Gewalt reagiert hätten. Also deckelten diese Menschen ihre Aggression. Ihre späteren sadistischen Handlungen sind dann ein Ventil für solch fehlgeleitete Aggression. Für eine Aggression, die sie sich selbst oft nicht eingestehen können. Und das ist das Perfide: Solche Menschen können andere von ihrer Gutmütigkeit überzeugen, weil sie selbst davon überzeugt sind.

Wenn unsere Einschätzung stimmt, bedeutet das: Der Mensch, den wir suchen, muss auf dieses Muster positiv reagieren. Und Ebert wiederum muss diesem Menschen vertrauen, was ihm sehr schwerfällt. Dafür muss er ganz sicher sein, dass dieser Mensch ihn so sieht, wie Ebert selbst gerne gesehen werden will. Unsere Kriterien waren darum: Der Helfer muss von Eberts Einzigartigkeit überzeugt sein und sich ihm unterordnen, ihm dienen wollen, und er muss davon überzeugt sein, dass Ebert nicht für seine Taten verantwortlich ist. Dafür muss der Paranoiker Ebert die Möglichkeit gehabt haben, diesen Menschen so intensiv kennenzulernen, dass er sich dessen Loyalität absolut sicher sein konnte.

Die Ermittler sind skeptisch: Wie können wir herausfinden, wer in einem solch engen Verhältnis zu Ebert steht? Wie viele Täter wird sich auch Eberts Helfer verstellen und lügen. Ja, das stimmt. Allerdings haben wir es in diesem Fall nicht mit einem abgestumpften Verbrecher aus Habgier zu tun, sondern aller Wahrscheinlichkeit nach mit einem verführbaren Menschen, der aus höchst emotionalen Bedürfnissen heraus handelt. Er wird sich darum eher verraten, denn er steckt in einem Dilemma: Er will nicht enttarnt werden und muss deshalb so tun, als würde er Ebert verabscheuen. Doch in Wahrheit handelt er vermutlich aus der Überzeugung, dass Ebert Unrecht widerfahren ist, und empfindet eine tiefe Bewunderung und Loyalität für ihn. Wenn wir klug vorgehen, wird diese Haltung durchschimmern. Ich schlage den Kollegen vor, einen Leitfaden für die Vernehmungen zu erstellen.

Wichtig ist die Reihenfolge der Fragen. Wir beginnen mit Fragen, die harmlos erscheinen, eindeutig zu beantworten und von uns überprüfbar sind: »Wie haben Sie Ebert kennengelernt?« – »Wie häufig hatten Sie Kontakt?« – »Welcher Art war der Kontakt?« Hier kreisen wir ein, ob Ebert nahe genug an den Verdächtigen herankommen konnte, und legen die Grundlage für die folgenden persönlicheren Fragen.

»Wie würden Sie ihn charakterisieren?« Wer häufig Kontakt hatte, aber jetzt behauptet, er kenne ihn nicht gut, macht sich verdächtig: Ebert redet nicht übers Wetter, er hat ein nicht zu bändigendes Bedürfnis, Nähe und Vertrautheit herzustellen, sein Innerstes nach außen zu kehren.

»Wie erklären Sie sich seine Taten? Ist er dafür verantwortlich?« – »Für wie gefährlich halten Sie ihn?« Hier kann der Helfer Probleme bekommen. Um von sich abzulenken, müsste er behaupten: »Für sehr gefährlich, er gehört unter Verschluss!« Aber zumindest unbewusst spürt er den Drang, sich zu rechtfertigen, nicht nur aus Sympathie für Ebert. Ihn plagt auch eine Sorge: Wenn ich jetzt sage, dass ich Ebert für einen gefährlichen Mörder halte, aber später kommt vielleicht heraus, dass ich ihn befreit habe – wie stehe ich dann da?

»Was hat Ihnen der Kontakt zu Ebert bedeutet?« – »Was hat der Kontakt für Ebert bedeutet?« Der Verdächtige steht nun unter Druck. Er muss erklären, warum er so oft mit Ebert gesprochen hat. Auch wenn er seine eigene Wertschätzung für Ebert verbergen kann, wird eines durchschimmern: wie wichtig er als Bezugsperson für Ebert war und dass ihn das auch stolz macht.

74

»Was haben Sie gedacht, als Sie von der Flucht hörten?«
Diese Frage ist für den Helfer schwer spontan zu beantworten, denn er war ja bei der Flucht dabei. »Hat Ebert
mit Ihnen jemals über seine Fluchtpläne gesprochen?
Wenn nein, weshalb nicht, wo Sie doch so eine enge Ver-
trauensperson waren?« Sicherlich wird der Helfer sich
herauswinden, aber die Art, wie er das tut, wird sehr
aussagekräftig sein. »Wo könnte er sich aufhalten?« Das
nächste Dilemma. Er muss jetzt eine falsche Fährte legen.
Er wird wahrscheinlich gerade dadurch auffallen, dass er
etwas sagt, das zu Ebert überhaupt nicht passt.

Am Ende der Befragung wird uns der Helfer genügend
Anhaltspunkte gegeben oder sich so in Widersprüche
verstrickt haben, dass er aus den anderen rund fünfzig
potentiellen Unterstützern heraussticht.

Ralf Trinkmann sticht heraus.

Trinkmann kennt Ebert aus der Untersuchungshaft in
Hamburg, wo er selbst wegen Urkundenfälschung einsaß.
Trinkmann ist Jurist, hat wegen einer Vorstrafe seine Zu-
lassung verloren und arbeitet jetzt als Sachbearbeiter in
einer kleinen Kanzlei im Hamburger Umland. Er berät
auch Ebert in juristischen Fragen.

Der vorbestrafte Jurist ist bei der Vernehmung anfangs
nervös, spricht dann wie ein Buch, gerät aber, als das Dik-
tiergerät angeschaltet wird, ins Stocken. »Ich habe Ebert
bei den Hofgängen im Gefängnis kennengelernt, das
hohe geistige Niveau hat mir imponiert.« Bewunderung!,
schreibe ich dahinter, als ich später das Protokoll lese.
»In der Klinik habe ich Ebert regelmäßig besucht, wir
haben einmal pro Woche telefoniert. Als ich das Mandat
übernommen habe, hat sich das Verhältnis aber entpri-

vatisiert.« Auch bei seinen Besuchen am Sonntag? Nein, die seien dann doch wieder privat gewesen. Ich kritzle einen roten Blitz aufs Blatt. »Ebert hat mir am Montag vor seiner Flucht am Telefon erzählt, dass die Therapie beendet wird und er ins Gefängnis muss. Wir haben einen Besuch für Donnerstag vereinbart.« Und sofort schiebt er hinterher: »Darum hat mich seine Flucht am Mittwoch so überrascht!« Der nächste Blitz: Er erfuhr, dass Eberts schlimmste Befürchtung eintritt, war aber überrascht, dass dieser flieht?

Eberts Charakter? »Ein Schauspielertyp, narzisstisch, er will immer im Mittelpunkt stehen. Er hat aber auch ein Helfersyndrom gegenüber anderen Patienten.« Blitz: Er verklärt ihn. Ebert interessiert sich wirklich nicht sonderlich für die Sorgen anderer. »Damals in der Haft ist Ebert ›ungeduldig‹ geworden.« Blitz: Sieht er Ebert als Opfer? »Ebert ist ein Frauentyp, aber jemand muss ihm wehgetan haben, darum hegt er unbewusst Rachegedanken.« Blitz: Ja! Er sieht Ebert als Opfer! »Ebert ist kein Sittlichkeitsverbrecher. Er verspürt nur die Lust zum Töten, nicht aber zur Vergewaltigung. Heute hat er nicht mehr den Wunsch zu töten, sonst hätte er schon längst zugeschlagen. In der Klinik hatte er Zeit zum Nachdenken. Er ist rational in der Lage, seinen Trieb zu steuern.« Blitz: Rechtfertigt er seine Hilfe, indem er ihn für geheilt erklärt? Die Verlegung ins Gefängnis könne er aber nachvollziehen: »Ebert ist untherapierbar.« Interessant: Erst erklärt er ihn für geheilt, dann für untherapierbar. Mit wem er gesprochen habe, als er von der Flucht hörte? »Das weiß ich nicht mehr.« Sein Mandant ist geflohen, und er will sich nicht mehr erinnern!

Ebert verstecke sich vielleicht im Hamburger Umland oder in Spanien. »Fehlspur«, notiere ich. Wer Ebert unterstützen könnte? Wie aus der Pistole geschossen antwortet er: »Frau Papadopoulou nicht, dazu liebt sie ihren Arbeitsplatz zu sehr.« Absurd, ihr ist schon so gut wie gekündigt. Deckt er die andere Helferin? »Bei mir würde er sich nicht melden, weil ich keine finanziellen Möglichkeiten habe, ihn zu unterstützen. Außerdem will er sicher meine berufliche Stellung nicht gefährden.« Ich muss schmunzeln. Er scheint wirklich von Eberts Gutherzigkeit sehr überzeugt zu sein, wenn er ein solches Argument verwendet. Er sieht Ebert so, wie dieser gesehen werden will. Diesem Mann würde Ebert vertrauen.

Die Ermittler haben auch in Trinkmanns Umfeld Verdachtsmomente gefunden. In der Nacht nach der Flucht wurde er in einem Hotel gesehen. Es war das Hotel, in dem Sophia Papadopoulou Zuflucht vor der Presse gesucht hat. Außerdem vertritt Trinkmann Papadopoulou bei einem Rechtsstreit. Und wie kam der Kontakt zustande? Auf Empfehlung Eberts.

Der Kreis schließt sich.

Trinkmann wird observiert. Sein Telefon wird abgehört, ebenso die Gespräche in seiner Wohnung. Es ist ein Sonderfall. Die juristische Hürde, jemanden mit Lauschtechnik zu überwachen, ist sehr hoch, weil es ein tiefer Eingriff in die Privatsphäre ist. Der Richter darf die Genehmigung nur erteilen, wenn der Verdacht auf ein besonders schweres Verbrechen vorliegt – wie Mord oder Rauschgifthandel. Oder wenn es darum geht, eine Gefahr abzuwenden. Darum haben wir in diesem Fall nach langer juristischer Prüfung die Genehmigung bekommen.

Vielleicht führt uns die Überwachung zu Ebert. Die Fahnder finden zumindest schnell einen weiteren Hinweis. Trinkmann hat einen Bekannten, Ralf Wohlert, mit dem er häufiger das Thema Ebert anschneidet. Aber die beiden sprechen auffällig konspirativ miteinander, fast als würden sie Codes verwenden. Wohlert hat viel Zeit im Gefängnis verbracht, unter anderem wegen Diebstahls. Diese beiden Männer wissen, dass sie am Telefon vorsichtig sein müssen. In ihnen hat Ebert die erfahrenen Helfer gefunden, die er braucht.

Wir lauschen und warten. Wochen vergehen. Sie verraten nichts. Können wir es schaffen, die Helfer aus der Balance zu bringen?

Wir versuchen es beim anscheinend labilsten Mitglied des Trios. Sophia Papadopoulou wird zu einer erneuten Vernehmung ins Präsidium geladen. Womöglich können wir sie zur Vernunft bringen. Papadopoulou wirkt anfangs recht entspannt, sie spricht viel, ist eloquent. Ob sie sich vorstellen könne, wo Ebert steckt? Vielleicht in Berlin, sie wisse es nicht. Fragen. Antworten. Fragen. Antworten. Papadopoulou gibt sich keine Blöße. Doch die Kollegen haben sich vorbereitet. Sogar das Licht im Raum ist gedimmt, und sie haben etwas besorgt, das Eberts Helferin die Wahrheit vor Augen führen könnte – die Wahrheit über den Mann, dessen sie sich aufopferungsvoll angenommen hat. »Sagen Sie mal, können Sie als Psychologin uns erklären, warum der Markus so etwas macht?«, fragt Soko-Leiter Chedor. Und dann legt er etwas auf den Tisch. Große Fotografien. Ein Auge ohne Lid, Armstümpfe ohne Hände, Würgemale. Eberts letztes Opfer. Papadopoulou wird nun wortkarg. Sie spricht noch kurz von »multipler Persönlichkeit«, dann muss sie dringend auf die Toilette. Als sie zurückkommt, sagt sie: »Ich muss jetzt leider wieder los.« Und geht. Vielleicht denkt sie über das Gesehene nach und kommt doch noch auf uns zu oder gibt uns wenigstens anonym einen Hinweis auf den Aufenthaltsort? Sie tut es nicht.

Tage vergehen.

Der Druck auf uns ist immens. Wenn Ebert mordet, sind auch wir dafür verantwortlich. Ein Ausbruch aus der geschlossenen Abteilung einer Psychiatrie, eine Suche, die sich über Wochen hinzieht – das ist auch ein Politikum. Das Wort »parlamentarischer Untersuchungsausschuss« schwebt in vergleichbaren Situationen über uns wie ein Damoklesschwert. In Momenten wie diesem ist jede Verzögerung ein Fehler und jeder Fehler ein Skandal. Teile der Presse konzentrieren sich auf eine eigene Hypothese, die publizistisch vielleicht spannend sein mag, für uns aber extrem unwahrscheinlich ist. Ebert hatte in der Klinik Besuch von Scientology. Reporter recherchieren in einem Scientology-Lager in Dänemark und werfen die Frage auf, warum die Polizei nicht intensiver in dieser Richtung ermittelt. Dabei wissen wir: Ein paranoider Mensch würde sein Schicksal nie einer Organisation anvertrauen. Und eine Organisation wie Scientology könnte sich eine solche Unternehmung gar nicht erlauben. Aber der Vorwurf gegen uns bleibt.

Tage vergehen. Warum findet die Polizei den Serienmörder nicht?

Wir überlegen weiter, wo wir noch ansetzen können. Noch mal bei Papadopoulou? Vielleicht. Es gibt zwei Aspekte, die sie aus psychologischer Sicht in ihrer Hingabe für den Mörder weitgehend ausblendet. Der eine: Eberts Aggression und Gefährlichkeit. Der Versuch, ihr das bewusst zu machen, hat nicht gewirkt. Der andere: Ebert manipuliert und benutzt sie. Vielleicht können wir ihr wenigstens hier die Augen öffnen. Wir versuchen es auf einem ungewöhnlichen Weg. Die wachsende Bedrohung, die Ebert darstellt, rechtfertigt ungewöhnliche Wege.

Bald klingelt an der Wohnung von Sophia Papadopoulou ein Bote, der einen Blumenstrauß für sie abliefert. Der Absender ist unbekannt, aber am Strauß hängt eine Karte:

Sie haben Ebert befreit. Ich will, dass er wieder hinter Gitter kommt. Damit keine weiteren Morde passieren. Denn auch mich hat er belogen und ausgenützt.

Das dürfte sie nachdenklich machen.

Ich bin überzeugt, dass es bereits Konflikte gegeben hat; Ebert kann seine Passivität und die Abhängigkeit von seinen Helfern nicht lange aushalten. Die Helfer wiederum stehen unter großem Druck, und er hat ihre Nerven mit seiner narzisstischen Anspruchshaltung bestimmt schon strapaziert. Vielleicht bekommt Papadopoulou langsam Zweifel, ob diese »geistige Liebe«, von der sie am Telefon sprach, gar nicht so tief ist. Vielleicht kommt sie auf uns zu. Oder sie nimmt unter unseren Augen Kontakt zu Ebert auf.

Wir warten. Aber Papadopoulou reagiert nicht.

Ebert ist nun seit rund zwei Monaten verschwunden. Der öffentliche Druck hat nicht nachgelassen.

Tage vergehen. Die Helfer sind am Telefon und in ihrer Wohnung sehr zurückhaltend. Sie führen uns auch nicht zum Versteck. Wir können sie auch nicht dauerhaft über 24 Stunden hinweg lückenlos observieren. Es ist unmöglich, jemanden unerkannt zu verfolgen, der ahnt, dass er überwacht wird, und deshalb nachts in eine leere U-Bahn steigt, ein paar Mal umsteigt und dann vielleicht noch ein Taxi nimmt.

Tage vergehen.

Alarm! Die Techniker hören ein Telefongespräch von Trinkmann ab. Er ruft einen befreundeten Elektriker an. Seine Stehlampe im Wohnzimmer leuchtete nicht mehr. Er hat sie an eine andere Steckdose angeschlossen, da funktionierte sie wieder. Müsse wohl an der Steckdose liegen. Ob der Freund sich das anschauen könne. Klar, in einer Stunde? Okay, Trinkmann gehe nur schnell einkaufen.

Die Beamten sind in Aufregung. Die Steckdose an der Stehlampe! Genau dort haben sie die Abhörtechnik installiert. Wenn der Elektriker die Dose aufschraubt, findet er das Gerät, und wir sind enttarnt. Wir müssen schnell reagieren.

Auf dem Weg zum Supermarkt wird Trinkmann aufgehalten. In der Zwischenzeit öffnet ein Team von uns die Steckdose in seiner Wohnung und entfernt die Technik. Gerade noch rechtzeitig.

Weitere Tage vergehen.

Vielleicht können wir beim anderen Teil des Trios ansetzen? Bei den Männern? Skrupel lassen sich bei den beiden Knastprofis wohl kaum schüren. Aber womöglich können wir sie so sehr in Aufregung versetzen, dass sie einen Fehler begehen und uns dadurch zu Ebert führen. Wir entschließen uns zu einem weiteren außergewöhnlichen Schritt. Wir wissen, dass er an die Grenze des juristisch Möglichen geht. Soko-Leiter Chedor entscheidet, dass wir es versuchen müssen. Wir müssen einen Mord verhindern.

Dieser Versuch wird uns den Durchbruch bringen. Wir gehen in die Planung. Wir benötigen externe Hilfe dafür, aber keinen Psychiater oder Techniker, sondern jemanden mit anderen ganz speziellen Erfahrungen. Gab es da nicht einen Mann, der bedauerte, uns bei der Suche nach Ebert nicht stärker unterstützen zu können? Der ihn unbedingt hinter Gittern sehen will?

Und so sitzt einige Tage später neben mir ein großer, tätowierter, durchtrainierter Türsteher mit langen Haaren. Wir haben das Angebot von Eberts enttäuschtem Freund aus dem Gefängnis aufgegriffen und ihn zu uns nach Hamburg ins Präsidium geholt. Er hat eine Aufgabe: in einer glaubhaften Knastsprache einen Brief an Trinkmann zu schreiben. Wir feilen. Ich sage, was die Botschaft sein muss, er findet die richtigen Worte. Am Schluss haben wir folgenden Brief:

Pass auf, Trinki. Ich weiß, dass du Marki bei seiner Flucht hilfst. Meinetwegen kann er ruhig im Versteck bleiben und sich braun anmalen, damit er im Süden nicht auffällt. Wenn Marki jemals seinen geliebten Bacardistrand sehen will, musst du 20 000 Mark locker machen. Wenn du die Bullen ins Gebet nimmst oder mit der Kohle nicht rüberkommst, kannst du dich gleich weglegen. Ich sorg dafür, dass du wieder in den Knast kommst, und meine

Kumpels warten schon darauf, dich fürn Koffer Blatt oder
ne Bombe aufzubocken, aber trocken.

»Trinki« soll am Tag nach Empfang des Briefes um 21 Uhr
an einer bestimmten Telefonzelle auf einen Anruf warten.
Der Brief schließt mit:

Mich hat der Sittich ausgenutzt und dich nutzt er jetzt
aus, dafür bezahlst du.

Was ein »Koffer Blatt« und eine »Bombe« sind, weiß
ich nicht genau, aber was mit »trocken aufbocken« ge-
meint ist, kann ich mir ungefähr vorstellen. Der Brief
dürfte seine Wirkung nicht verfehlen. Der Hinweis auf
die Veränderung der Hautfarbe und das Ziel im Süden,
den »Bacardistrand« auf den Kapverden, von dem Ebert
in der Zelle immer träumte, wird den Helfern verdeut-
lichen: Der Absender kennt Eberts Fluchtplan genau. Sie
werden ihn ernst nehmen. Wenn wir Glück haben, nehmen sie panisch Kontakt zu Ebert auf, um herauszube-
kommen, wem er davon erzählt hat, wer der Erpresser
ist. Vielleicht bringt sie auch das Wort »ausgenützt« zum
Grübeln.

Nun zur Übergabe. Unser »Erpresser« bekommt noch
zusätzlich eine Spinnwebentätowierung ins Gesicht ge-
schminkt, bindet sich die Haare zu einem Zopf und zieht
eine Mütze auf. Wir warten, bis Trinkmann die Kanzlei
verlässt. Dann tritt unser Mann ein, sagt mit donnernder
Stimme: »Das ist für Trinki!« Legt der Empfangsdame
den Brief auf den Tisch und verschwindet wieder.

Wir müssen nicht lange warten. Die Techniker hören,

wie Trinkmann seinen Freund Wohlert anruft und ein Treffen verabredet. Wir haben unsere Observationsaktionskräfte verstärkt. Sie verfolgen ihn. Noch am gleichen Abend trifft sich das Trio Papadopoulou, Trinkmann und Wohlert am Bahnhof Altona. Hier ist es zu laut, es gelingt uns nicht, sie abzuhören. Zu Ebert fährt keiner von ihnen, und es ruft auch keiner bei ihm an.

Im Gegenteil: Am nächsten Tag erscheint Trinkmann im Präsidium und erstattet Anzeige gegen den Erpresser. Er wisse nicht, wie der Absender auf ihn gekommen sei, sagt er und fragt, was er jetzt tun solle. Wir haben ein Problem. Die Helfer sind misstrauisch geworden: Was, wenn der Brief von der Polizei stammt? Wenn sie den Erpresser nicht anzeigen, liefern sie uns den Beweis, dass sie Ebert unterstützen. Aber wir haben eine Lösung. Trinkmann solle auf jeden Fall zur Telefonzelle fahren, sagen wir ihm. Wir würden die Zelle observieren und eine Fangschaltung legen. Er fragt, ob wir ihm einen Wagen zur Verfügung stellen können. Nein, antworten wir, es sei besser, mit dem Privatauto zu erscheinen, vielleicht kennt der Erpresser das Fahrzeug.

Am Abend steigen Trinkmann und sein Freund in den Opel von Wohlert, den wir einige Tage zuvor mit Abhörtechnik versehen haben. Ein interessanter Dialog entspinnt sich. »Gut, dass wir nicht in Amerika sind. Da hätten sie unser Auto verwanzt und würden uns jetzt abhören«, sagt Wohlert. »Ist der Ebert überhaupt noch im Versteck oder schon in Griechenland? Und woher weiß der Erpresser, dass die Alte uns 20 000 Mark gezahlt hat?« – »Ich weiß es auch nicht«, sagt Trinkmann. Sie warten an der Telefonzelle vergeblich auf einen Anruf.

84

Der »Erpresser« wird nicht mehr auftauchen. Er hat uns gute Dienste geleistet. Nun ist endlich die Rollenverteilung klar. Trinkmann und Wohlert haben den Ausbruch organisiert und Ebert zum Versteck gebracht, doch um die weitere Versorgung haben sie sich nicht mehr gekümmert, und ob er sich noch im Versteck aufhält, wissen sie nicht. Das Ziel ist Griechenland, die Heimat von Sophia Papadopoulou. Und Papadopoulou finanziert die Flucht.

Aber woher hat sie das Geld?

Ein Team von uns reist nach Athen. Mit der Unterstützung der dortigen Kollegen finden wir heraus, dass Papadopoulous Tante eine sehr wohlhabende Unternehmerin war und ihrer Nichte mehr als eine Million Mark vererbt hat. Auch bei den Hamburger Banken wird nochmals nachgeforscht. Zu Beginn der Flucht hat Papadopoulou fast all ihr Geld in bar abgehoben und fast alle Konten aufgelöst. Aus diesem Grund fand sich bei den Hamburger Banken nichts mehr.

Als die Kollegen zurückkommen, empfängt das Team der Soko sie begeistert. Wir haben ein Rätsel gelöst. Wir wissen zwar nicht, wo Ebert sich aufhält, aber wir wissen nun ganz sicher, wer es weiß. Wir wissen, wer die Fäden in der Hand hält. Wir wissen, von wem er abhängig ist. Und wir wissen auch: Es ist höchste Zeit. Mittlerweile sind fast drei Monate vergangen. Drei Monate, in denen nicht nur wir unter großem Druck standen, sondern auch Ebert. Wir setzen uns im Präsidium zusammen und beraten, was wir nun tun können, ja, tun müssen.

Sollen wir Papadopoulou weiterhin observieren, bis sie uns doch zum Versteck führt? Ich habe Bedenken. Drei

Monate! Wie lange wird Ebert diese Situation noch ertragen? Sein Drang, etwas zu tun, wird mittlerweile sehr groß sein. Die nächste Frauenleiche in einem Wald? Nein. Es könnte auch sein, dass sie unbeobachtet von uns nach Griechenland aufbrechen. Die Kollegen dort sind zwar alarmiert, aber es gibt keine Gewissheit, dass sie ihn fassen. Zudem haben die beiden genügend Geld, um ihren Plan spontan zu ändern.

Nein, wir können nicht mehr warten. Wir müssen handeln.

Sollen wir Papadopoulou mit unseren Ergebnissen konfrontieren? Wird sie unter der Last der Beweise gestehen und uns zu Ebert führen? Eher nicht. Unsere beiden Versuche mit den Opferfotos und dem Blumenstrauß haben bei Papadopoulou nicht gewirkt. Wenn sie direkt unter Druck gesetzt wird, werden wir eher das Gegenteil bewirken. Sie würde sich zumindest anfangs eher »tapfer« in den Kampf gegen das ungerechte System stürzen und schweigen. Sie würde sich dabei womöglich fühlen wie eine Märtyrerin.

Und die beiden Männer? Sie wären wahrscheinlich schneller bereit, Ebert zu verraten, um sich selbst zu retten. Aber hier haben unsere Juristen Einwände. Unsere Situation ist vertrackt – und der Jurist Trinkmann weiß das bestimmt. Wir können Menschen nur festnehmen, weil sie eine Straftat begangen haben. Aber welche Straftat haben die beiden begangen? Die Bedrohung, die sie geschaffen haben, indem sie Ebert halfen, ist zwar immens, Menschenleben sind in Gefahr und das ganze Land ist in Aufregung. Das Vergehen der beiden ist dennoch verhältnismäßig gering. Wir könnten sie lediglich wegen »Gefangenenbefreiung« verhaften, § 120 StGB, das gibt maximal drei Jahre Freiheitsstrafe.

»Und was haben wir gegen sie in der Hand?«, fragen die Juristen. Sie haben sich im Auto verraten, aber das können wir nur belegen, weil wir sie abgehört haben. Und hier wird es kompliziert. Wir haben die Genehmigung dafür nur bekommen, um die Gefahr abzuwenden, die von Ebert ausgeht. Der Vorwurf der »Gefangenenbefreiung« würde nicht dafür ausreichen, dass wir jemanden abhören dürfen. Und das wirkt sich auch auf die Verwertbarkeit der gewonnenen Beweise aus: Wir dürfen unsere Erkenntnisse zwar benutzen, um Ebert aufzuspüren, aber wenn es darum geht, seine Helfer wegen »Gefangenenbefreiung« festzunehmen, müssen wir so tun, als wüssten wir all das nicht, was wir abgehört haben. Wir wissen alles, und dürfen nichts verwenden.

Was dann?

Was wäre, wenn wir Papadopoulou doch festnehmen? Was würde das womöglich für Ebert bedeuten? Er weiß: Wenn sie ihn nicht mehr unterstützen kann, wird er scheitern. »Aber auch das würde den Druck auf ihn erhöhen«, sagen die Kollegen. »Würde er dann nicht austicken?« Würden seine Emotionen dann nicht überkochen? Würde er rausgehen, eine Frau vergewaltigen, umbringen?

Nein. Natürlich wird er sich ohnmächtig fühlen. Er hat verloren. Keine Chance. Er ist gescheitert. Bestimmt wird er Hass und Selbsthass spüren; Aggressionen, die er nicht ertragen kann, für die er normalerweise ein Ventil suchen würde. Aber es gibt noch einen anderen zentralen Anteil in ihm, und diesen Teil seiner Persönlichkeit sprechen wir an.

Seinen Narzissmus: Wenn er nun auf sich gestellt ist, wird er gefasst werden, das dürfte er wissen. Was für eine unerträgliche Vorstellung: Markus Ebert mit seinem genialen Plan wird von einem Spezialkommando in einer dunklen Wohnung überwältigt, auf den Boden gedrückt, die Arme auf den Rücken, Handschellen an, und unter Blitzlichtgewitter mit hinabgedrücktem Kopf abgeführt? Niemals!

»Ich denke, er wird sich stellen«, sage ich.

Vielleicht sucht er dafür den großen Auftritt und steht auf einmal bei einem Fernsehsender vor der Tür, um sich zu inszenieren. Er wird womöglich sagen, dass er sich gestellt habe, weil er es nicht ertragen könne, wie schlecht die Polizei mit Sophia Papadopoulou umgeht. Mit dem einzigen Menschen, der verstanden hat, dass Ebert kein Verbrecher ist, sondern Opfer eines blinden Systems, das ihm seine verdiente Therapie vorenthält. Er wird vielleicht behaupten, dass sie nichts mit seiner Flucht zu tun habe. Dass er geflohen sei, weil ihm keiner helfen wollte. Er wäre kein verlassener Hilfsbedürftiger, sondern ein aufrechter Retter. Wenn wir ihm diese Tür öffnen, wird er sie durchschreiten und sich stellen, davon bin ich überzeugt.

Wir schlafen noch eine Nacht darüber. Am nächsten Tag fällt die Entscheidung. Wir brauchen einen Haftbefehl für Sophia Papadopoulou. Wir müssen sichergehen, dass Ebert schnell von der Festnahme erfährt, denn allzu lange werden wir Papadopoulou nicht in U-Haft halten können. Ebert muss aber genügend Zeit haben, um zu begreifen, wie misslich seine Lage ist. Glücklicherweise ist es Ende Dezember, das bietet uns einen günstigen Termin für die Festnahme. Wir werden Sophia Papadopoulou

am Freitag, den 28. Dezember, festnehmen. Ein Wochenende, danach Silvester und Neujahr – vier Tage Zeit für
Ebert, um nachzudenken. Damit er die Botschaft schnell
und eindrucksvoll bekommt, laden wir eine Journalistin
ins Präsidium und erklären ihr die Hintergründe.

Am 28. Dezember um 17 Uhr ist es so weit. Die Fahnder der Soko fahren vor der Anwaltskanzlei vor, in der Papadopoulou gerade einen Termin hat. Die MEK-Männer
warten, bis sie auf die Straße tritt, nehmen Sophia Papadopoulou fest, führen sie in Handschellen ab. Ein Kame-
rateam wartet bereits, die von uns eingeweihte Journalistin hält Sophia Papadopoulou das Mikrophon hin und
bedrängt sie mit Fragen: »Wie können Sie einen Mörder
unterstützen? Warum verraten Sie nicht das Versteck?
Können Sie versprechen, dass er nicht mehr mordet?«
Papadopoulou schweigt. Sie wird die nächsten Nächte im
Untersuchungsgefängnis verbringen. Sie verweigert anfangs die Aussage. Noch am selben Abend wird Markus
Ebert in seinem Versteck die Bilder der Verhaftung sehen
können. Er wird sich sehr einsam und verlassen fühlen.

Es ist eine Nacht mit wenig Schlaf für uns.

Die gesamte Soko verbringt sie im Präsidium, wir
schlafen nicht und trinken viel Kaffee. Immer wieder
taucht der Gedanke auf: Was ist, wenn wir falschliegen,
wenn Ebert jetzt durchdreht? Eine vierte Frauenleiche?
Aber was sonst hätten wir tun können? Noch wochenlang observieren, mit dem Risiko, dass es zwischen den
Helfern eskaliert und Ebert zuschlägt? Nein, wir sind uns
sicher, dass wir das Richtige getan haben.

Warten. Das ist alles, was wir jetzt tun können.

Am Abend des 30. Dezember betritt ein Mann die Polizeiwache in Hamburg-Uhlenhorst. Er ist sehr dünn, sein Haar ist lang und rot gefärbt. Er sagt: »Ich bin Markus Ebert.« Der Mann hat sein Aussehen in den vergangenen Monaten verändert. Der Auftritt ist nicht ganz so groß, wie ich es ihm zugetraut hätte, aber wir haben ihn. Ebert hat in seinem Rucksack 157 000 Mark in bar. Er schweigt über seine Helfer und sein Versteck, doch wir können es später anhand eines Schlüssels, den er bei sich trug, ausfindig machen. Er behauptet, dass er geflohen sei, um auf die Missstände in der Klinik aufmerksam zu machen. Dazu habe er seine Popularität nutzen wollen.

Ich begegne Ebert bald nach seiner Verhaftung, als ich die Beamten zur Vernehmung begleite. Er bittet darum, nicht ins Untersuchungsgefängnis gebracht zu werden, weil er glaubt, dass er dort umgebracht werden würde. Er möchte nur mit dem leitenden Oberstaatsanwalt sprechen und auf keinen Fall mit anderen in einem gewöhnlichen Gefangenentransport fahren müssen. Er klagt darüber, dass er unter Depressionen leide, er habe die ganze Zeit über Johanniskraut genommen. Sein Vortrag ist sehr eindringlich, fast hilfeschreiend, aber in der persönlichen Begegnung erschließt sich mir sein einnehmendes Wesen, das ihm nachgesagt wurde, nicht. Sein Verhalten, seine Anspruchshaltung passen zu ihm, nicht aber zur Situation.

Ebert wird nach einigen Tagen in der Untersuchungshaft wieder in die Psychiatrie gebracht, wo er noch heute untergebracht ist. Die Sicherheitsbestimmungen dort werden verschärft. Sophia Papadopoulou gesteht später. Sie wird wegen Gefangenenbefreiung zu zwei Jahren auf Bewährung verurteilt und verliert ihre Anstellung in der

Klinik. Sie heiratet Markus Ebert. Ihren Antrag, sich mit ihrem Mann in der Klinik allein in einem Raum treffen zu können, weist ein Gericht jedoch ab. Es bestehe »Gefahr für Leib und Leben«.

Gegen Trinkmann und seinen Freund Wohlert haben wir nichts Beweiskräftiges in der Hand. Die Abhörprotokolle sind nicht »gerichtsfähig«. Wir wissen alles, aber für ein Strafverfahren darf es nicht verwendet werden.

Im folgenden Sommer machen die Personenfahnder des LKA einen Betriebsausflug ins »Alte Land« südlich von Hamburg. Sie sitzen in einem Café an einem Fährhaus, als eine Fähre anlegt. Ein auffälliges Auto rollt von Deck. Sie rufen schnell bei den Kollegen an. Ja, der Wagen stimmt, das Kennzeichen auch, das Auto ist als gestohlen gemeldet. Sie stehen auf und gehen zu dem Wagen. Einer der Polizisten klopft ans Fenster. Die Scheibe geht runter. Der Beamte blickt hinein. Er war auch an der Fahndung nach Ebert beteiligt. Er grüßt den Insassen freundlich: »Ach, Herr Wohlert, guten Tag, können Sie uns bitte mal die Fahrzeugpapiere zeigen.«

Taximord

An einem Freitagmorgen im Januar klingelt auf einer Hamburger Polizeistation das Telefon. »Hier steht 'n Taxi mit laufendem Motor«, sagt ein Mann. »Der Fahrer ist auf 'n Beifahrersitz gekippt.« Er rege sich nicht mehr. Der Anrufer unterbricht, spricht mit jemandem im Hintergrund. »Da ist eine Ärztin vorbeigekommen«, sagt er nun ins Telefon. Sie fühle gerade den Puls des Fahrers. Der Anrufer ruft der Ärztin etwas zu. Sie antwortet. Dann spricht er wieder in sein Handy. Er sagt: »Totenstarre.«

Die alarmierten Polizisten finden den Wagen kurz darauf in einer ruhigen Seitenstraße in einer wohlhabenden Gegend vor, der Innenraum ist blutverschmiert. Der tote Fahrer ist in sonderbar verdrehter Haltung quer über beide Sitze gekippt, seine Füße klemmen unter den Pedalen, der Oberkörper liegt auf dem Beifahrersitz. Sein Kopf bietet einen furchtbaren Anblick, das Gesicht ist oberhalb der Nase zerschmettert. In der Windschutzscheibe ist ein kleines Loch zu sehen. Daneben befindet sich ein Sprung im Glas. Es ist gesplittert, ein rötlicher Film haftet auf den feinen Rissen in der Scheibe. Es sieht aus, als habe sich eine rosafarbene Spinnwebe um das Loch in der Glasscheibe gelegt.

Hinter dieser Scheibe starb Karl Burger, Taxifahrer, 50 Jahre, ledig.

Es ist schnell klar, dass der Mann höchstwahrscheinlich erschossen wurde. Eine Kugel muss das Loch in die Scheibe geschlagen haben. Etwas mehr Zeit braucht allerdings die Identifizierung des Toten, da er keine Papiere bei sich hat. Sein Name lässt sich erst über die Zulassungsstelle ermitteln. Wie sich bald herausstellt, ist das Portemonnaie, das er immer bei sich trug, verschwunden.

Manchmal scheinen Dinge auf den ersten Blick klar. Ein erschossener Taxifahrer, ein fehlendes Portemonnaie: ein Raubmord?

Schon bald ist die ganze Stadt in Aufruhr. Hat jemand diesen Mann für ein paar Euro ermordet? Wird er bald den nächsten Taxifahrer überfallen? Oder einen Kiosk? Oder einen Passanten in einer dunklen Straße?

Manchmal sind Dinge anders, als sie auf den ersten Blick scheinen.

Am Ende der Ermittlungen wird ein Mann verhaftet werden, der allen Erwartungen widerspricht. Wir werden als Fallanalyseteam diese Tat rekonstruieren und zu einem Ergebnis kommen, das sehr überrascht. Es wird für uns alle einer der außergewöhnlichsten Morde sein, mit denen wir je zu tun hatten.

Noch am Tag des Fundes, gleich nachdem die Standardmaßnahmen der Ermittlung angelaufen sind, zeigen sich die ersten Sonderbarkeiten. Die Spurensicherer kommen, suchen die Umgebung ab, stellen nummerierte Spurentafeln auf, um alles fotografisch festzuhalten, auch für uns, damit wir später den Tathergang rekonstruieren können. Es ist ein sehr kalter Wintertag, das erschwert die

Arbeit. Allerdings liefert der Schnee, der auf den Straßen liegt, schon das erste auffällige Detail: Die Reifen des Wagens haben eine deutliche Spur hinterlassen. Sie verläuft merkwürdig, kommt in gerader Linie die Straße herunter und macht dann einen Schwenker nach links bis hin zu einem Metallzaun. Von dort führt sie wieder nach rechts, wo Autos parken. Hier hat der Wagen augenscheinlich den vor ihm parkenden BMW gerammt. Das Taxi ist an der Stoßstange stark eingedrückt, und die vordere linke Radkappe fehlt, sie liegt beim Zaun, der ebenfalls leicht beschädigt ist.

Und noch etwas macht die Beamten bald stutzig: Zwar fehlt das Portemonnaie mit den Fahrzeugpapieren, aber eine weitere Börse mit Wechselgeld, das Handy und die Armbanduhr des Opfers befinden sich noch im Wagen.

Wurde der Täter überrascht und floh? Vielleicht. Aber höchstwahrscheinlich ist die Tat nachts geschehen, da sonst zu viele Menschen in der Nähe gewesen wären. Und es melden sich keine Zeugen, die nachts am Wagen vorbeigegangen sind. Aber warum dann? Was wäre das für ein Räuber, der jemanden erschießt, um ihn auszurauben, aber dann nicht alles mitnimmt?

Am Anfang stehen immer Fragen. Man entdeckt Details, die zu ersten Vermutungen führen, die man wiederum mit weiteren Details verifiziert. So nähert man sich Schritt für Schritt den Antworten, verrennt sich auch mal, aber kommt meist irgendwann ans Ziel. Es gehen viele Hinweise bei der Polizei ein, gerade wenn die öffentliche Aufmerksamkeit sehr hoch ist. Jede Zeugenaussage, jeder Anrufer, jeder Fund am Tatort ist eine Spur, die in eine oder mehrere Richtungen weist. Manchmal sagt der eine Zeuge, er habe eine Frau nach rechts davonlaufen sehen – der andere Zeuge will einen Mann nach links laufen gesehen haben. So können in manchen Fällen mehrere Hundert Spuren zusammenkommen. Um nicht den Überblick zu verlieren, muss die Polizei sehr akribisch arbeiten. Jede einzelne Spur wird in einer Akte festgehalten und erst verworfen, wenn klar ist, dass sie zu nichts führt. Es können sich sehr viele Ordner im Lauf einer Ermittlung füllen. Der Zeitdruck erfordert es allerdings, Prioritäten zu setzen: Welche Ansätze erscheinen besonders vielversprechend? Welche Spuren müssen sofort verfolgt werden?

Schon bald nach dem Fund berichten die Zeitungen bundesweit vom »Taximord«. Man muss nicht bei der Polizei arbeiten, um einschätzen zu können: Dieser Täter wird wahrscheinlich wieder zuschlagen – die Situation ist brisant.

Den Ermittlern der Mordkommission erscheint ein Raubmord bisher als plausibelste Variante. Sie wirft viele Fragen auf: War es ein Täter oder mehrere? Warum fehlte nur ein Portemonnaie? Weil der oder die Täter überrascht wurden? Wurde das Opfer zufällig ausgewählt oder gezielt? Haben der oder die Täter bereits zuvor eine solche Tat begangen?

Andere Tatmotive dürfen jedoch auch nicht ausgeschlossen werden. Hat der Mörder den Taxifahrer vielleicht aus einem anderen Grund erschossen? Und das Geld nur mitgenommen, weil die Börse zufällig in Griffnähe lag? Oder um die Polizei auf eine falsche Fährte zu locken? Kannten Täter und Opfer sich vielleicht?

Zeugen aus der Umgebung melden sich. Einige berichten, dass sie das Taxi am Vorabend bereits gegen 22 Uhr am Tatort gesehen haben. Jemand sagt, das Warnblink-licht sei eingeschaltet gewesen, ein anderer meint, es sei nicht eingeschaltet gewesen. Ein Taxifahrer sagt, er habe das Opfer zuletzt gegen 22 Uhr an einer S-Bahn-Station dreieinhalb Kilometer vom Tatort gesehen. Eine weitere Zeugin will den Wagen schon am Nachmittag am Tatort gesehen haben, ist sich jedoch nicht ganz sicher. Und dann ist da noch ein junges Mädchen aus einem Wohnheim. Es sah nachts beim Rauchen das Taxi gegen 22:30 Uhr am Tatort stehen. Ein Mann mit dunkler Jacke sei zur gleichen Zeit in der Straße hektisch auf und ab gegangen und schließlich davongelaufen – in Richtung der nächsten S-Bahn-Station.

Seit wann stand der Wagen nun am Tatort? Seit nachmittags oder nachts? Ein sich auffällig verhaltender Mann im dunklen Anorak: Vielleicht der Täter? War er alleine? Oder ist ein Mittäter in die andere Richtung geflohen?

Die Taxifahrer aus dem Stadtteil werden befragt. Viele Freunde scheint der Mann unter den Kollegen nicht gehabt zu haben, er war eher ein Einzelgänger. In den Taxifunkverteiler habe man ihn seinerzeit nicht aufgenommen, weil er die Kriterien nicht erfüllte. Er sei auch häufiger unter Tarif gefahren. Es sei vorgekommen, dass er auf dem Warteplatz ganz hinten in der Schlange stand und ein Kunde an den anderen Wagen vorbeiging und bei ihm einstieg, weil bekannt war, dass er den Preis der anderen unterbot. Das macht einen Menschen nicht unbedingt beliebt.

Liegt hier ein Motiv? Neid oder Rache? Hat es einen Streit mit einem Kollegen gegeben? Gab es sogar eine offene Feindschaft?

Karl Burgers Lebensgefährtin wird befragt. Sie kennen sich seit einigen Jahren, leben in getrennten Wohnungen. Ihr Freund sei sehr verschlossen gewesen, habe wenig Freunde gehabt. »Aber Feinde? Das kann ich mir nicht vorstellen. Er war immer sehr ruhig und höflich«, sagt sie. Gut, einmal habe ein Fahrgast nicht zahlen wollen, da sei Burger mit ihm zur Polizeiwache gefahren, es habe dabei eine Rangelei gegeben, bei der sich Burger am Fuß verletzt habe. Und mit einem Kollegen habe er sich einmal gestritten, weil der keine Ausländer mitnehmen wollte. Aber eigentlich sei er sehr friedfertig gewesen.

Finanziell gab es wohl manchmal Probleme. Burger war zwar äußerst sparsam, habe aber dennoch öfters unter Geldmangel gelitten. Zu dem Thema fällt der Freundin noch etwas ein. Es sei nur eine Idee; sie könne es sich zwar nicht wirklich vorstellen und wolle auch niemanden beschuldigen: Ein Bekannter habe Burger Geld für ein neues Taxi geliehen – vielleicht hat Burger es ja nicht zurückgezahlt. »Also, das ist mir nur eingefallen, es muss ja nichts heißen«, sagt sie.

Ein Streit mit einem Fahrgast? Oder mit einem ausländerfeindlichen Kollegen? Vielleicht Geldprobleme oder Schulden?

Der Mann, der Burger Geld geliehen hatte, scheint tatsächlich ein Ansatzpunkt zu sein. Die Kollegen besuchen ihn. Aber Burger hat regelmäßig seine Raten gezahlt, und Streit gab es dabei offenbar auch nicht.

Die Taxifahrer? Für Streitigkeiten unter den Fahrern finden sich keine weiteren Hinweise. Es bleibt dabei: Höchstwahrscheinlich war es ein Raubmord.

Zwei Wochen später wird ein Tatverdächtiger festgenommen. Der Leiter der Mordkommission besucht uns daraufhin im LKA in unserer Dienststelle »Kriminalpsychologische Einsatz- und Ermittlungsunterstützung« und bittet uns um eine operative Fallanalyse: Wir sollen rekonstruieren, was im Taxi vorgefallen ist. Er betont, dass er das Ergebnis schnell braucht, da die Angst der Bevölkerung sehr groß ist. Er sagt nur, dass jemand verhaftet worden ist, der beharrlich schweigt. Und der Fall sei nun mal etwas sonderbar, auch wenn alles auf Raub als Motiv hinweise. Aber er weiß, so plausibel die kriminalistischen Hypothesen auch sind, so eindeutig die Indizien auch erscheinen: Manchmal zeigen die objektiven Spuren, dass ausgerechnet das Unwahrscheinliche passiert ist.

Tatspuren können unglaubliche Geschichten erzählen. Ich erinnere mich an den Fall eines homosexuellen Paares, an dem ich vor einigen Jahren mitarbeitete. Ein junger Mann ruft den Notarzt, sein Freund sei an der Wade verletzt, blute entsetzlich. Als der Rettungswagen ankommt, ist es bereits zu spät, der Freund ist verblutet. Ein Messerstich hat seine Hauptschlagader im Bein durchtrennt. Bei der Vernehmung erzählt der Anrufer eine phantastisch klingende Geschichte. Ein ihm unbekannter Mann sei in die Wohnung gekommen, bewaffnet mit einem Messer. Er habe mit seinem Freund im Wohnzimmer gestritten, ihm das Messer ins Bein gerammt und sei wieder geflohen. Die Beschreibung des angeblichen Täters ist vage, der Zeuge fügt allerdings hinzu, dass sein Freund einen anderen Liebhaber namens Peter gehabt habe, der könne es vielleicht gewesen sein. Die Geschichte erscheint den vernehmenden Beamten äußerst unglaubwürdig. Bei einer späteren Vernehmung bleibt der Mann zwar bei seiner

Version, verstrickt sich aber immer mehr in Widersprüche. Alles weist daraufhin, dass er selbst zugestochen hat und nun versucht, seine Tat zu verschleiern. Der Mann wird vom Zeugen zum Tatverdächtigen.

Der Antrag auf U-Haft ist bereits unterschrieben, als sich die ermittelnden Beamten an mich wenden. Ich soll eine Einschätzung abgeben, wie sie die Aussagebereitschaft des Mannes herstellen können, auch wenn ihm nun vorgeworfen wird, seinen Freund getötet zu haben. Lasst uns erst die Fallanalyse erstellen, dann wissen wir besser, in welcher Richtung wir nachhaken können, empfehle ich. Bald liegen die Ergebnisse aus der Rechtsmedizin vor, wir rekonstruieren die Tat und unter welchen Umständen das Messer in das Bein des Opfers gedrungen sein muss. Unser Ergebnis ist eindeutig.

Es bestätigt den Verdacht: Der Mann ist ein Lügner.

Aber: Er ist kein Mörder.

Die Gerichtsmediziner haben leichte Schnitte am Hals des Opfers entdeckt und auch einige weitere oberflächliche Narben von Schnittverletzungen am Körper. Wir spielen die Tat nach, und stellen dabei fest: Der Einstichkanal in der Wade des Toten lässt sich nur auf eine Art erklären. Das Opfer muss den einen Fuß auf das Knie seines anderen Beines gelegt haben. Und es kann sich das Messer nur selbst in die Wade gerammt haben! Auch die Schnittverletzungen können nur von ihm selbst stammen. Es gibt dafür nur eine plausible Erklärung: Das Opfer droht, indem es sich das Messer an den Hals legt, der Freund versucht, ihn abzuhalten, und bei der dadurch ausgelösten Rangelei rammt sich das Opfer das Messer ins eigene Bein.

Später kommt heraus: Der Tote hat an einer Border-line-Störung gelitten und sich immer wieder selbst verletzt, was typisch ist für diese psychische Erkrankung. Der zu Unrecht verdächtigte Freund hat sich wohl nach dem fatalen Unfall geschämt und schuldig gefühlt und darum gelogen. Selbst wenn er von sich aus irgendwann die Wahrheit erzählt hätte, hätte ihm vermutlich keiner mehr geglaubt. So haben in diesem Fall die Spuren keinen Mörder überführt, sondern einen Unschuldigen vor sich selbst bewahrt.

Und nun also ein Raubmord?

Im persönlichen Umfeld des Opfers haben die Ermittler nichts gefunden. Doch die Taxiuhr des Fahrers hat einen entscheidenden Hinweis geliefert; ein Mitarbeiter der Herstellerfirma hat sie ausgewertet. Um 22:07 Uhr wurde sie eingeschaltet, dann folgten fünf Minuten Fahrt und danach nur noch eine stundenlange Standzeit. Das heißt: Von 22:07 Uhr bis 22:12 Uhr dauerte die letzte Fahrt von Karl Burger.

Das könnte passen. Ungefähr um diese Uhrzeit sah das rauchende Mädchen einen Mann im blauen Anorak in Richtung S-Bahn-Station davonlaufen. Ereignete es sich so: Der Täter kommt mit der S-Bahn am einen Bahnhof an, steigt dort in das Taxi, tötet den Fahrer in einer ruhigen Seitenstraße, raubt sein Portemonnaie und flieht wieder mit der S-Bahn von der nächsten Station?

Die Ermittler sichten das Videomaterial der Überwachungskameras auf dem Bahnsteig und in den Kiosken. Es braucht etwas Zeit, bis es ausgewertet ist, doch die Mühe lohnt sich.

Am 29. Januar wird ein Mann in Hamburg verhaftet,

der verdächtigt wird, Karl Burger, 50 Jahre, Taxifahrer, getötet zu haben.

Nun, am Tag nach der Verhaftung, sitzt der leitende Ermittler der Mordkommission vor uns vom Fallanalyseteam. Er erzählt nichts Näheres über den Tatverdächtigen. Er weiß, dass wir nichts hören wollen, was uns befangen machen könnte: nicht die kriminalistischen Hypothesen der Kollegen, nicht die Zeugenaussagen, nichts über die Hintergründe des Tatverdächtigen. Wir würden uns automatisch ein Bild von der Tat machen, unter dessen Eindruck wir dann die Fakten voreingenommen betrachten würden. Nicht zuletzt aus diesem Grund ist unsere Dienststelle im Polizeipräsidium sogar in einem Trakt abseits von den Ermittlern untergebracht und gehört zu einer eigenen Abteilung. Damit wir gar nicht erst in Versuchung geraten, uns in der Kaffeepause doch ein wenig mit den Kollegen über ihren Fall zu unterhalten.

Als wir tags darauf in unserem Besprechungsraum bei Kaffee, Obst und Keksen zusammensitzen, wissen wir alle, dass es in den nächsten Tagen spät werden wird. Zwei Tage verbarrikadieren wir uns und verlassen unseren Flur im sternförmigen Polizeipräsidium in Hamburg-Alsterdorf nur noch, um zu essen, zu schlafen, den Tatort zu besichtigen und in einer Garage des Präsidiums die Tat nachzuspielen. Unser Team besteht aus fünf Leuten, drei Kriminalisten, einer Rechtsmedizinerin und mir als Psychologin. Weitere Experten besuchen uns. Bei einer Fallanalyse ist es sehr wichtig, im Team zu arbeiten und verschiedene Fachbereiche einzubeziehen. Ein einzelner Analytiker läuft schneller Gefahr, sich auf eine Hypothese zu fixieren und seinen Blick auf diese zu verengen.

Manchmal werden unsere Diskussionen darum auch etwas schärfer, wenn einer von uns alle Aspekte außer Acht lässt, die seine persönliche Lieblingstheorie schlichtweg widerlegen.

Die Kollegen der Kriminaltechnik haben auf Hochtouren gearbeitet. Die Spuren im Wagen sind analysiert, die Schäden am Auto untersucht worden, und die Gerichtsmediziner haben den Leichnam obduziert. Wir heften die Bilder an die Wand, wir verteilen die Akten. Jeder bekommt seinen Aufgabenbereich. Das Material ist vielfältig und zeigt schnell, dass wir es nicht mit einem gewöhnlichen Raubmord zu tun haben. Doch mit was dann?

Wir werden die Antwort finden, wenn wir die Details aus den Akten miteinander verknüpfen. Eine Tat ist immer eine Abfolge von Aktionen und Reaktionen. Wir müssen herausfinden, welche Handlung zu welchem Ergebnis geführt hat und was durch dieses Ergebnis wiederum ausgelöst wurde. Was hat der Täter getan, was das Opfer? Wenn es uns gelingt, diese Kette so vollständig wie möglich zusammenzufügen, können wir mehr über die Tat und damit über den oder die Täter sagen.

Wir legen los.

Das Opferbild: Karl Burger, 50 Jahre, ein verschlossener Einzelgänger, kaum Kontakt zur Familie, wenig Freunde. Ein Sparfuchs, der zu Hause sein Geld in einem Karton sammelte, aber dennoch immer mal wieder Geldsorgen hatte. Im Taxi benutzte er ein Kellnerportemonnaie zum Abkassieren, das er danach ins Türfach steckte. Die Scheine packte er aus Sicherheitsgründen in eine zweite Börse, die er in der rechten Gesäßtasche trug. Er fuhr häufiger unter Preis. Deshalb und wegen seines verschmutzten Wagens wurde er nicht in den Taxiverband aufgenommen. Bei einem Angriff würde er sich wohl zur Wehr setzen, hat seine Freundin ausgesagt. Einmal hat er das bereits getan, als ein Fahrgast nicht zahlen wollte. Es ist also nicht unwahrscheinlich, dass das Opfer in irgendeiner Form Widerstand geleistet hat.

Der Tatort: Eine nachts wenig befahrene einspurige Seitenstraße in einem gutsituierten Wohngebiet. Ein geeigneter Platz, um jemanden für ein Verbrechen dorthin zu lotsen. Die sonderbare Reifenspur: Das Auto stieß links gegen den Metallzaun, bevor es auf der rechten Straßenseite in die Parkspur bog und auf den anderen Wagen fuhr. Wie kam es zu diesen Zusammenstößen?

Der Wagen: die Schäden an der Stoßstange, und die fehlende Radkappe, die in der Nähe des Zauns lag. Außerdem: der Schalthebel des Taxis stand auf »P«, also im Parkmodus. Wer hat ihn eingelegt? Der Fahrer? Ein Täter? Warum?

Die Spuren der Tötung: Drei Patronenhülsen wurden im Wagen gefunden. Sie werden aus einer Pistole ausgeworfen, wenn die Projektile abgefeuert werden. Die Spuren der Projektile: In der Windschutzscheibe befindet sich die Macke mit dem rosafarbenen Spinnennetz, einige Zentimeter daneben ein Loch in der Scheibe, hier schlug eine Kugel durch. Eine weitere Kugel schlug in den Drehzahlmesser ein, er zeigt 2700 U/min an.

Sonstige Hinweise im Wagen: Das Portemonnaie, das der Fahrer immer zum Abkassieren nahm, steckte noch im Fach der Fahrertür. Auch die Armbanduhr und die beiden Handys des Fahrers blieben bei der Leiche.

Der Leichnam des Opfers: Bei der Obduktion hat die

Gerichtsmedizinerin die Verletzungen des Toten untersucht. Es ist eine aufwendige Arbeit und ein Vorgang, der Angehörige oft belastet. Sie haben jemanden durch ein Verbrechen verloren, und dann wird der Körper dieses Menschen noch einmal verletzt, um in einem kargen Klinikraum untersucht zu werden. Aber dieser Eingriff ist unverzichtbar, um einen Mord aufzuklären. So blieb auch hier nichts anderes übrig, als den Schädel des Mannes zu öffnen, sein Gehirn zu entfernen und eine Chromstange durch Ein- und Austrittslöcher zu schieben. Nur so konnte der Verlauf der Schusslinien herausgefunden werden.

Drei Schüsse in den Hinterkopf. Jeder für sich wäre schon tödlich gewesen. Zwei der drei Schüsse liefen nahezu parallel zueinander, die Eintritts- und die Austrittslöcher lagen nur zwei Zentimeter voneinander entfernt. Die Einschüsse lagen hinter dem rechten Ohr, die Kugeln traten an der linken Schläfe aus. Der dritte Schuss verlief von der Schädelmitte zum linken Jochbein.

Das Blut im Wagen gibt uns einen eindeutigen Hinweis. Die Blutspuren des Opfers sind über den ganzen Vorderbereich verteilt. Durch die Kopfschüsse spritzte Blut auch auf die Beifahrertür. Das bedeutet: Auf dem Beifahrersitz saß kein Täter. Denn wenn dort jemand gesessen hätte, wäre ein sogenannter Blutschatten entstanden, das heißt, hinter der Stelle, an der er saß, hätte kein Blut an die Tür spritzen können. Aber der Blutschatten fehlt. Auch hinter dem Beifahrersitz fanden sich Blutspritzer, auch dort saß folglich niemand. Wir können also die erste Frage schnell beantworten: Höchstwahrscheinlich war es ein Einzeltäter, es sei denn, zwei Täter hätten sich hinter dem Fahrersitz sehr eng aneinandergedrückt. Auffällig ist ebenfalls, dass sich auf dem Fahrersitz eine große Lache gebildet hatte.

Auch die Physiker des LKA haben ihren Beitrag geleistet und die Schmauchspuren untersucht, also die Flecken, die das Schießpulver beim Abfeuern der Waffe am Körper des Opfers und im Fahrzeug hinterlassen hat. Am Wagenhimmel des Autos fanden sich vor allem an der Beifahrerseiten Spuren. Auch an den Kopfstützen war Schmauch.

Schritt für Schritt gehen wir nun die Informationen durch. In der Regel versuchen wir, dort zu starten, wo Täter und Opfer zusammengetroffen sein müssen. Das war mit ziemlicher Sicherheit die S-Bahn-Station, an der Burger wartete. Wurde er hier schon bedroht? Nein. Dann hätte er das Taxameter nicht eingeschaltet. Es beginnt also mit einer alltäglichen Situation: Ein Fahrgast steigt ein, nennt einen Zielort, der Fahrer stellt die Uhr an und fährt los.

Wie ging es weiter? Der Kilometerstand des ausgewerteten Taxameters zeigt, dass Burger den direkten Weg von der S-Bahn-Station zu der Straße nahm, in der er erschossen wurde. Also muss der Gast ein Ziel genannt haben, auf dessen Wegstrecke der Tatort lag. Oder nahm Burger einen Umweg über diese Straße, um den Fahrpreis hochzutreiben, was Auslöser für einen Streit hätte sein können? Unwahrscheinlich. Wir wissen von Burger, dass er immer darüber schimpfte, dass manche Fahrer Umwege nehmen. Er mag ein Eigenbrötler gewesen sein und die Preise gedrückt haben, aber in dieser Hinsicht sei er sehr penibel gewesen, sagen alle, die ihn kannten.

Die Straße lag also sehr wahrscheinlich auf der vom Täter gewählten Strecke. In diese Seitenstraße einzubiegen ergibt aber nur Sinn, wenn man ein Ziel in der Nähe gewählt hat, das haben andere Taxifahrer bestätigt. Sie ist keine Abkürzung, um etwa in einen anderen Stadtteil zu gelangen. Hat also der Täter die Gegend gekannt oder zumindest vorher erkundet? Wahrscheinlich.

Einstieg, das Ziel wird genannt, die Uhr wird angestellt, die Fahrt beginnt. Das Taxi biegt nun in die Straße. Dort hält der Wagen kurz. Dann gibt er wieder Gas, und es kommt zu dem Fahrmanöver, bei dem der Zaun gerammt wird. Ein zufälliger Unfall? Extrem unwahrscheinlich. Die Spuren weisen nicht darauf hin, dass der Wagen ins Schleudern geriet, sondern führen direkt auf den Zaun zu. Bereits hier muss etwas Außergewöhnliches vorgefallen sein! Nur was? Wurde der Fahrer hier schon erschossen und das führerlose Auto krachte in den Zaun?

Zur Beantwortung dieser Frage haben wir uns Unterstützung von außen geholt. Das Hamburger Landeskriminalamt beschäftigt eine Vielzahl unterschiedlicher Experten. In der technischen und wissenschaftlichen Abteilung arbeiten Physiker, Chemiker, Biologen und Islamwissenschaftler. Manchmal ziehen wir aber auch externe Sachverständige hinzu, etwa Schriftexperten oder Psychiater. Beim Taximord haben wir uns an einen Sachverständigen von der Prüfstelle für Kraftfahrzeuge DEKRA gewandt. Der Mann untersuchte die Schäden am Wagen und am Zaun und inspizierte die Bilder der Reifenspur.

Das Ergebnis, das er uns jetzt im Besprechungsraum vorträgt, ist eindeutig: Dieses Fahrmanöver geschah willentlich. Der Fahrer muss das Lenkrad mit Kraft nach links gerissen haben und nach dem Aufprall am Zaun wieder nach rechts. Er muss noch gelebt haben.

Wir blicken uns fragend an. Warum dieses Manöver? Eine Erklärung finden wir in den Akten. Ein Taxifahrer hat ausgesagt, dass es informelle »Notfallpläne« gibt, die quasi von Generation zu Generation unter den Fahrern weitergegeben werden. Wenn man bedroht wird: Geld hergeben und davonlaufen. Wenn es während der Fahrt zu einem gefährlichen Streit kommt: Versuchen mit voller Wucht gegen ein Hindernis zu fahren. Burger wurde also mit hoher Wahrscheinlichkeit zu diesem Zeitpunkt bedroht und fuhr darum gegen den Zaun. Unsere Runde im Besprechungszimmer nickt.

Aber warum sollte ein Räuber den Fahrer *während* der Fahrt bedrohen?

Das scheint absurd. Ein Räuber will mit seiner Waffe die Kontrolle über das Handeln seines Opfers gewinnen, um es dadurch zu zwingen, seine Wertsachen herauszugeben. Ein nur halbwegs vernünftiger Räuber würde dafür keinen Zeitpunkt wählen, an dem sein Opfer noch selbst die Kontrolle über das Geschehen hat, weil es auch eine Waffe in den Händen hält: das Lenkrad, das ihm die Macht über das fahrende Auto verleiht.

Dieser Raubmörder kommt uns sonderbar vor.

Aber gut. Der Fahrer lenkt den Wagen also absichtlich gegen den Zaun. Danach muss der Wagen irgendwie nach rechts und auf den BMW gefahren sein.

Der Mann von der DEKRA spricht weiter. Die Geschwindigkeit beim Aufprall gegen den Zaun habe deutlich über 10 Stundenkilometern gelegen. Das ergibt Sinn, der Fahrer wollte wahrscheinlich mit möglichst großer Wucht seinen Angreifer aus der Fassung bringen. Die Aufprallgeschwindigkeit auf den parkenden Wagen lag hingegen unter 10 Stundenkilometern, sonst wäre der Schaden am BMW deutlich größer gewesen.

Wir diskutieren. Der Fahrer ist in Panik, fährt absichtlich links gegen den Zaun, reißt das Lenkrad nach dem Crash herum nach rechts, kracht auf den BMW, um herausspringen und fliehen zu können? Ja, so könnte es gewesen sein.

Der DEKRA-Mann blickt noch mal auf seine Notizen. Es gibt ja noch den Drehzahlmesser. Der zeigt 2700 Umdrehungen pro Minute an. Normalerweise wäre er nach Abschalten des Motors auf null gefallen. Aber als eine der tödlichen Kugeln in den Drehzahlmesser krachte, nachdem sie den Kopf des Opfers durchschlagen hatte, fror sie dadurch den Zählerstand zum Zeitpunkt des Schusses ein. 2700 U / min? Diese Drehzahl würde eigentlich darauf hinweisen, dass das Auto fuhr, als die Kugel in ihm einschlug. Es gibt aber eine Alternative, sagt der Experte. Wenn der Motor zwar auf Hochtouren läuft, das Taxi aber nicht vorankommt, weil ein Hindernis im Weg steht. Etwa, weil die Räder im Schnee durchdrehen. Und in der Tat hatten die durchdrehenden Räder des Taxis eine Mulde in den Schnee gegraben.

So könnte es also geschehen sein: Der Täter zieht seine Waffe. Der entsetzte Fahrer startet ein Notfallmanöver gegen den Zaun und lenkt dann seinen Wagen gegen das andere Auto, um herausspringen zu können. Aber der Täter erschießt ihn, bevor er fliehen kann. Einer der Schüsse durchschlägt dabei den Drehzahlmesser, der in diesem Moment 2700 Umdrehungen anzeigt, denn die Räder des Taxis drehen im Schnee durch, während es gegen den BMW drückt.

Der Räuber bedroht sein Opfer also, während sich der Wagen noch mitten auf der Straße befindet? Es klingt verrückt.

Uns wird später bewusst werden, wie zutreffend das Wort ist: verrückt.

Was geschieht nun?

Der Schalthebel der Automatik stand im Parkmodus, als der Wagen gefunden wurde. Die Leiche lag darüber. Könnte der absackende Körper des Fahrers den Hebel verschoben haben? Nein, sagt der Experte von der DEKRA. Dafür sind zwei gezielte Bewegungen nötig: Einmal den Schalter nach rechts von der D- in die N-Position und dann runter in P. Das muss absichtlich geschehen sein. Der Fahrer oder der Täter haben den Hebel umgelegt, wahrscheinlich damit die Räder nicht mehr durchdrehen. Der Fahrer? Wohl kaum. Er wäre sicherlich aus dem Wagen gesprungen, um davonzurennen, statt noch korrekt den Schalter auf »P« zu stellen. Also, der Täter.

Dass er den Fahrer bedroht, bevor der Wagen endgültig angehalten hat, erscheint für einen Räuber zwar absolut irrational, aber zugleich war dieser Täter »von seiner Tat nicht überfordert«, wie man in der Polizeisprache sagt. Nachdem er soeben einen Menschen umgebracht hatte, rannte er nicht panisch davon, sondern war ruhig genug, um den Gang in aller Ruhe in die Parkposition zu stellen, damit der Wagen mit seinen durchdrehenden Reifen keine Aufmerksamkeit erregt.

Noch eine weitere Information hat der DEKRA-Mann für uns: Die Position, in der der Tote gefunden wurde, lässt sich nicht durch das langsame Auffahren auf den BMW erklären. Der Fahrer wäre vielleicht mit dem Kopf auf das Lenkrad gestoßen, nicht aber so weit nach rechts geschleudert worden. Der Täter muss das Opfer auf die Beifahrerseite gezerrt haben.

Als Nächstes trägt uns die Gerichtsmedizinerin etwas über die Obduktionsergebnisse und die Blutspuren im Wagen vor. Sie kommt gleich zur Blutlache auf dem Fahrersitz. Sie und ihre Kollegen haben nachgerechnet. Das Ergebnis ist bemerkenswert. Der Mann muss mit seinen Verletzungen ungefähr eine halbe Minute auf dem Fahrersitz gesessen haben, damit so viel Blut auf das Polster kommen konnte. Das heißt, der Mörder hat nach den Schüssen auf sein Opfer noch ungefähr eine halbe Minute Zeit verstreichen lassen, bevor er es auf den Beifahrersitz zerrte. Hat er sich in dieser Zeit draußen umgesehen?

Eine halbe Minute ist eine lange Zeit, wenn man gerade einen Menschen erschossen hat und erschrocken ist über die eigene Tat. Nein, da sind wir uns einig, dieser Täter war nicht erschrocken oder entsetzt. Er geriet nicht in Panik, er haderte nicht, sondern ging nach seiner Tat recht überlegt vor.

Je deutlicher sich das Bild der Tat abzeichnet, desto klarer wird uns, wie wir uns diesen Mörder vorstellen müssen.

Nun zu den Schüssen. Gleich drei tödliche Schüsse in den Kopf! Bei einem der Einschüsse fand sich eine sogenannte Stanzmarke, eine kreisförmige Spur, die darauf hinweist, dass der Lauf der Waffe beim Schuss am Kopf auflag. Der Täter hielt dem Fahrer die Pistole direkt gegen den Kopf, bevor er abdrückte. Das ist ein Ausdruck von großer Entschlossenheit und Gefühlskälte. Es bedarf weniger Überwindung, einen Menschen zu töten, wenn man

Abstand zu ihm hat. Je dichter man an ihm dran ist, desto mehr Hemmungen müssen überwunden werden.

Dieser Täter muss sehr aggressiv gewesen sein.

Die Reihenfolge der drei Schüsse kann die Gerichtsmedizinerin nicht genau bestimmen, doch der Ballistiker aus unserer Waffentechnik kann etwas dazu sagen. Er hat das Rätsel des rosafarbenen Spinnennetzes gelöst: Das bizarre Muster entstand, weil der Glasstaub in der gesplitterten Scheibe Blut aufgesaugt hatte. Die Stelle mit dem Spinnennetz kann daher nur von der ersten Kugel stammen, sagt er.

Warum?

Es ist kompliziert. Es gab drei Kugeln und drei Einschläge, erklärt er uns. An allen drei Einschlagstellen sind Blutspuren: am Abpraller mit dem Spinnennetz, am Durchschuss durch die Scheibe, am zerstörten Drehzahlmesser. Nur: Die erste Kugel muss eigentlich so schnell durch den Kopf geflogen sein, dass noch gar kein Blut anhaften konnte. Erst durch sie sind die Verletzungen entstanden, die dafür sorgen, dass Blut austrat. Die zweite und die dritte Kugel rissen dann dieses Blut mit. Dort, wo die erste Kugel einschlug, dürften auch keine Blutspuren zu sehen sein.

Aber wie kam dann Blut an alle drei Einschlagstellen?

Nun, fährt der Ballistiker fort, der Verlauf der Blutspuren zeige, dass das Blut im Spinnennetz von der Kugel stammt, die dicht daneben die Scheibe durchschlug. Also muss die Reihenfolge der Einschüsse so verlaufen sein: Die erste Kugel prallte von der Scheibe ab, ohne Blut zu verspritzen. Sie hinterließ einen Sprung im Glas. Die zweite riss dann Blut mit und durchschlug die Scheibe dicht neben der ersten. Mit ihr spritzte auch Blut auf die zuvor gesplitterte Stelle und sickerte dort in den Glasstaub ein; das Spinnennetz bildete sich. Die dritte krachte in den Drehzahlmesser.

So viel wissen wir nun: Der Mörder lotst sein Opfer in eine ruhige Seitengasse, zieht auf der Straße eine Waffe. Der Fahrer versucht, sich durch eine Karambolage zu retten, fährt erst gegen einen Zaun, dann auf den Parkstreifen und rollt dort auf einen anderen Wagen. Bevor er fliehen kann, wird er mit drei Schüssen erschossen. Der Täter lässt ihn eine halbe Minute lang aufrecht sitzen, legt den Parkgang ein und flieht dann mit dem privaten Portemonnaie des Opfers, lässt aber einige Wertgegenstände zurück.

Um noch genauer zu erfahren, was geschehen ist, verlassen wir nun unser Besprechungszimmer. In den Aufzug und runter in den technischen Bereich. Bei einer Tatrekonstruktion versuchen wir den Ablauf auch nachzuspielen, und das am besten am Originaltatort. Es ist immer gleich: Ein Kollege übernimmt die Rolle des Täters, einer schlüpft in die Rolle des Opfers. Das »Opfer« steigt in einen weißen Anzug, der den ganzen Körper, auch den Kopf, bedeckt. Auf dem Anzug werden mit farbigen Stiften die Verletzungen des Opfers markiert. Beispielsweise rot für einen tiefen Einstich durch ein Messer, blau für einen leichten Schnitt und grün für ein Hämatom, das durch Würgen oder einen festen Handgriff entstanden ist. Dann versuchen wir nachzustellen, wie ein Täter das Opfer angegriffen haben muss, damit diese Verletzungen entstehen konnten.

Burgers Taxi wurde zur Untersuchung ins Präsidium

gebracht, und darum können wir nun das Verbrechen im Originalauto nachspielen. Wir fahren den Wagen vor die Garage. Auf dem Kopf unseres Opferdarstellers sind mit sechs blauen Punkten die Ein- und Austrittsstellen markiert, drei vorne, drei hinten. Er setzt sich so auf den Fahrersitz, dass die ersten beiden Austritte in Richtung der Einschläge auf der Windschutzscheibe weisen. Denn so muss das wirkliche Opfer gesessen haben, als die ersten Schüsse fielen. Der Schütze versucht die Pistole so anzulegen, dass er die Eintrittspunkte am Hinterkopf berührt.

Unser Täterdarsteller versucht es mit der Pistole in der rechten Hand, aber er kommt nur schwer an die Einschussstellen am Kopf des Opfers. Er versucht es mit der linken: schon besser. Ein Linkshänder? Wahrscheinlich. Er versucht es direkt hinter dem Fahrer sitzend – schwer bis unmöglich. In der Mitte der Rückbank sitzend, den Arm über die Kopfstütze: So muss es gewesen sein. Waffe senkrecht, Waffe waagerecht? Waagerecht!

Nun gibt er den ersten Schuss ab.

Der Fahrer ist sofort tot. Unser Kollege lässt sich zusammensacken.

Nun der zweite Schuss. Der Schütze hält die Mündung an den zweiten blauen Punkt, der dicht neben dem ersten liegt. Jetzt geht es um die Frage: Wann hat der Täter zum zweiten Mal abgedrückt? Wenn unser Schütze wartet, bis das tote Opfer zusammengesackt ist, würde die Kugel unter dem Lenkrad einschlagen, nicht in der Scheibe. Damit die Kugel in der Scheibe einschlägt, müsste er ihn mit einer Hand hochziehen, um ihm noch mal in den Kopf zu schießen. Aber warum sollte er das tun? Und wie soll er mit seinem schwächeren rechten

114

Arm einen schweren Mann hochziehen? Es gibt nur eine Erklärung für den Verlauf des zweiten Schusses: eine Doublette! Also zwei Schüsse, die so rasend schnell aufeinanderfolgen, dass das Opfer erst nach dem zweiten zusammensackt. Der Täter drückt fast in einem Zug zweimal hintereinander ab.

Es muss ein großer Drang nach Vernichtung in ihm gearbeitet haben!

Und nun? Wie muss er den Fahrer treffen, damit die dritte Kugel in den Drehzahlmesser einschlägt? Unser Opfer, das sich tot stellt, sackt nach vorne. Der Täter geht ihm sofort hinterher. Die Mündung hinter das rechte Ohr des Opfers gehalten. Schuss!

Es ist ein sonderbares Gefühl, in die Rollen von Opfer oder Täter zu schlüpfen, manchmal kann man dadurch sogar einen Hauch von der Aggression oder der Panik der wirklichen Beteiligten erahnen. Zwar geht es uns darum nicht, da wir uns nur auf die Fakten konzentrieren wollen. Allerdings hinterlässt das Rollenspiel immer einen Eindruck von der Tat. Einmal spielte ich das Opfer, als wir den Fluchtweg eines Mordopfers nachstellten. Ich rannte davon und der Kollege, der den Täter spielte, hinterher. Er hatte als Messerersatz einen Farbstift in der Hand. Ich versuchte zu rennen, so schnell ich konnte. Und mein Verfolger stieß auf der Hetzjagd den Stift immer wieder in meinen Rücken, um nachzustellen, wie lange er sein Opfer getrieben haben musste, um ihm so viele Stichwunden zuzufügen. In diesem Moment erlebte ich am eigenen Leib, wie hilflos ein Mensch sich fühlen muss, wenn er von einem Mann mit einem Messer verfolgt wird.

Nun spielen wir die Schüsse im Taxi noch einmal durch.

Ich stehe mit verschränkten Armen neben dem Wagen. Schon beim Zuschauen wird deutlich, wie hoch die Gewaltbereitschaft dieses Mörders gewesen sein muss; wie gezielt und entschlossen er vorging. Nicht nur ein Schuss aus der Distanz. Nein, zwei, dicht am Kopf, rasch hintereinander! Das Opfer sackt sofort tot zusammen, aber der Mörder lässt nicht von ihm ab, sondern er muss diesem Menschen sofort noch einmal in den Kopf schießen.

Wir halten kurz inne. Eine solche Aggression gegenüber einem Menschen, den man nicht kennt, der einem nichts getan haben kann? Nur weil man sein Geld bekommen will? Schwer vorstellbar. Es muss etwas anderes dahinterstecken.

Aber weiter. Das Opfer ist nun tot. Wie kommt es in die sonderbare Endposition? Egal, wie sich unser Opferdarsteller zusammensacken lässt: Er kippt nicht so weit auf den Beifahrersitz. Nach ein wenig Schieben und Zerren ist klar: Der Täter muss ausgestiegen sein, die Beifahrerseite geöffnet haben und sein Opfer rübergezogen haben.

Dabei wird noch etwas anderes deutlich: Erst jetzt ist überhaupt das Portemonnaie in der Gesäßtasche des Fahrers sichtbar. Hat der Täter den Fahrer herübergezerrt, um sein Opfer zu durchsuchen? Dann hätte er auch die Uhr gesehen und in den Hosentaschen die Handys entdeckt. Auch das zweite, prallere Portemonnaie im Seitenfach wäre schnell zu finden gewesen. Nichts davon hat er angerührt.

Nein. Geld war nicht sein Ziel. Es ging ihm offenbar darum, dass der tote Fahrer nicht entdeckt wird, deshalb hat er ihn in die Seitenlage gezogen. Es war eine Sicherungsstrategie. Das Portemonnaie nahm er vermutlich nur mit, weil es ihm zufällig ins Auge stach. Es ging ihm nicht um Bereicherung – es ging ihm um das Töten!

Die Leiterin der Operativen Fallanalyse Elke Liesener ruft den Chefermittler noch am gleichen Nachmittag an, um ihm mitzuteilen, dass wir ein Ergebnis haben. Wir können zwar kein genaues Psychogramm des Taximörders liefern, aber eines können wir mit Sicherheit sagen: Dieser Mörder ist psychisch sehr auffällig.

An dieser Stelle möchte ich kurz etwas über Psychosen erzählen. Die bekannteste Form der Psychose ist die Schizophrenie. Schizophrene begegnen der Polizei immer wieder, aber selten, weil sie Straftaten begangen haben. Häufig gehen Anrufe in den Dienststellen ein, weil jemand sich von dunklen Mächten verfolgt fühlt oder glaubt, dass er vom Nachbarn mit einer Strahlenkanone beschossen wird. Immer wieder gehen seitenlange, wirre Beschwerdeschriften bei uns ein. Hinter diesen vordergründig lustigen Telefonaten und Briefen steckt eine schwere psychische Erkrankung. Schizophrene haben häufig Halluzinationen, hören beispielsweise Stimmen, die ihnen befehlen, etwas zu tun. Sie leiden unter Wahnideen wie etwa Verfolgungswahn und denken oft, Geheimdienste oder der Teufel seien hinter ihnen her. Psychiater gehen davon aus, dass die Anlage für eine schizophrene Psychose erblich ist. Ungünstige Faktoren wie eine schwierige Kindheit können die Wahrscheinlichkeit erhöhen, dass sie ausbricht. Und belastende Lebenskrisen können dann den Ausschlag dafür geben, dass es tatsächlich geschieht.

Beileibe nicht jeder Schizophrene wird gewalttätig. Nicht selten werden sie aufgrund ihres sonderlichen Auftretens selbst Opfer von Angriffen. Manchmal aber kann dieser ständige innere Ausnahmezustand auch dazu führen, dass sie andere verletzen oder gar töten. Weil die inneren Stimmen den Befehl erteilen, jemanden anzugreifen. Oder weil die Kranken sich von ihren eingebildeten Feinden so sehr bedroht fühlen, dass sie glauben, sich nur mit Gewalt retten zu können.

Als die Ermittler der Mordkommission noch am selben Tag bei uns sitzen, trägt die Fallanalytikerin Julia Mahnken ihnen die Antworten auf ihre Fragen vor. Sie war bei diesem Fall die Moderatorin der Runde, eine Aufgabe, die jedes Mal ein anderer übernimmt, damit keine eingeschliffenen Abläufe entstehen. Sie sagt den Kollegen, dass wir von einem Einzeltäter ausgehen. Sie schildert ihnen den wahrscheinlichen Ablauf der Tat. Und dann das Motiv: Raub war nicht das primäre Ziel des Mörders – es ging ihm um Gewalt. Er wollte jemanden töten. Drei Schüsse wären nicht nötig gewesen, um sein Opfer handlungsunfähig zu machen und es auszurauben. Dass er die Waffe bei sich trug, weist darauf hin, dass er bereits vorher die Absicht hatte, einen Mord zu begehen. Das Opfer war situativ gewählt. Der Taxifahrer Karl Burger musste sterben, weil er zufällig an der S-Bahn-Station wartete, an der sein Mörder ausstieg. Hätte Burger dort nicht mit seinem Wagen gestanden, wäre wahrscheinlich ein anderer Fahrer gestorben. Den Tatort dürfte der Täter selbst ausgewählt haben, womöglich kennt er sich in der Gegend aus. Wir gehen davon aus, dass der Mörder in jedem Fall unter einer schweren Persönlichkeitsstörung leidet. Höchstwahrscheinlich ist er »dissozial«, das heißt, er hat wenig Mitgefühl, miss-

118

achtet soziale Normen, kennt keine Reue oder Schuldgefühle und ist leicht reizbar.

Ja, das Profil könne auf den Tatverdächtigen zutreffen, sagt der Chefermittler und bedankt sich.

Die Bilder der Überwachungskameras haben die Ermittler zu ihrem Verdächtigen geführt. Sie hatten einen sogenannten Doppeltreffer: Sowohl an der S-Bahn, an der Karl Burger wartete, als auch an der Station nahe des Tatorts wurde ein Mann im dunkelblauen Anorak gefilmt. Und genau einen solchen Mann hat das Mädchen aus dem Wohnheim beschrieben. Er stieg aus der einen S-Bahn, kurz bevor der Taxifahrer zum letzten Mal seinen Taxameter anschaltete. Und er stieg in der Nähe des Tatorts in die andere S-Bahn, kurz nachdem der Mord geschehen war. Nachdem das Bild in den Zeitungen veröffentlicht wurde, meldeten sich mehrere Leute, die ihren Nachbarn auf dem Foto erkannt hatten. Der 30-Jährige, der daraufhin verhaftet wurde, schweigt zu den Vorwürfen.

Er sagt später nur: »Alles was ich getan habe, hat mir Gott befohlen.« Er macht zu keinem Zeitpunkt Aussagen zur Tat, auch später vor Gericht nicht. Aber an seiner Kleidung wird Blut des Opfers gefunden. Und der Mann passt in unser Profil. Er kannte die Gegend, weil er hier früher zur Schule ging. Und: Er ist psychisch krank. Schon sein Vater litt wahrscheinlich unter einer Psychose, er wurde zumindest von Angehörigen als »geisteskrank« beschrieben. Der Täter selbst wurde erstmals mit sieben Jahren auffällig, nachdem sich die Eltern trennten. Wegen einer Suizidandrohung brachte man ihn in die Jugendpsychiatrie. Er galt als verhaltensauffällig, kam in eine Förderschule, wurde in diversen Jugendeinrichtungen untergebracht, nahm später Drogen – womöglich, um die verstörenden Symptome seiner Krankheit selbst zu therapieren. Er griff Betreuer mit einer Schere an, stahl, schlug in einer Jugendwohnanstalt einem Mitbewohner mit einem Hammer auf den Kopf. Seine Vorstrafenliste ist lang, darunter Raub, räuberische Erpressung, Bedrohung. Schon damals fiel auf, wie uneinsichtig der Jugendliche war, wenn er mit seinen Taten konfrontiert wurde. Fünf Jahre vor dem Taximord, mit 20 Jahren, trat er einer christlichen Sekte bei, begann davon zu reden, dass er von Arabern verfolgt werde und sie alle töten müsse. Er übergab einem Prediger Gewehrpatronen, damit dieser sich schützen könne, erzählte wieder und wieder, dass er Araber und andere Ungläubige töten müsse. Vor Bekannten schlug er vor, eine Oma zu vergewaltigen und zu töten, Terroranschläge zu verüben, wollte nach Syrien reisen, um dort Soldaten zu erschießen, und sagte, es stünde in der Bibel, dass man Ungläubige töten und ausrauben dürfe, Taxifahrer kämen dafür in Frage. Er sah Mauern auf sich zukommen, hörte Stimmen, wollte Jäger werden, um sich Opfertiere zu beschaffen. Viele hielten ihn für verrückt, aber keiner nahm seine Ankündigungen ernst.

Seine Gerichtsverhandlung verfolgt der Mörder von Karl Burger apathisch. Die Öffentlichkeit ist wegen des psychischen Zustands des Angeklagten ausgeschlossen, sein Mandant würde bei großen Menschenansammlungen unruhig, sagt der Anwalt. Das Landgericht Hamburg fällt ein Urteil wegen Mordes und ordnet die Unterbringung in einer psychiatrischen Einrichtung an. Er leide an paranoiden Schizophrenie sowie einer kombinierten Persönlichkeitsstörung mit dissozialen und Borderline-

Zügen und sei nicht steuerungsfähig. Die Mischung aus Dissozialität, Drogenmissbrauch, eingeschränkter sozialer Leistungsfähigkeit und seiner Psychose sei sehr brisant.

Hilal

Lügen sind ein Phänomen, das uns bei der Polizei sehr häufig begegnet. Sie tauchen in den verschiedensten Varianten auf. Menschen lügen, weil sie sich vor Strafe schützen wollen. Menschen lügen, weil sie sich schämen. Das kann jeder verstehen. Es gibt aber auch Lügen, die vordergründig nur schwer nachzuvollziehen sind – wie im Fall »Hilal«. Bis heute ist er nicht gelöst. In seinem Mittelpunkt stehen ein kleines Mädchen, seine Familie, zwei Männer – und viele Lügen.

Mittwoch, der 27. Januar 1999. Hilal E. ist zehn Jahre alt und stolz. Sie hat an diesem Tag bei der Schwimmprüfung das Seepferdchen geschafft, und Zeugnisse hat es auch gegeben. Sie hat ein gutes Zeugnis. Auch ihr Vater ist stolz. Er schenkt ihr eine Mark, damit sie sich zur Belohnung eine Packung Hubba-Bubba-Kaugummi kaufen kann. Um 13:15 Uhr verlässt Hilal die Wohnung in der Spreestraße in Hamburg-Lurup, um zum nahe gelegenen Einkaufszentrum zu gehen. Sie kehrt nie wieder zurück.

Nachdem die Eltern sich selbst erfolglos auf die Suche gemacht haben, informiert gegen 17 Uhr eine Nachbarin die Polizei. Rund 30 Beamte suchen die Gegend ab, durchstöbern das Hochhaus, in dem die Familie wohnt, befragen Kunden und Personal im Einkaufszentrum, fahren Spielplätze und Schulen ab. Über Funk wird ein Fahndungsaufruf durchgegeben: Hilal E., türkischstämmig, 145 Zentimeter groß, lange schwarze Haare, gemusterte Jacke, schwarze Schuhe mit Plateausohle. Die Zeitungen bringen die Suchmeldung. Doch es findet sich keine Spur. Bis heute nicht.

Wenn ein Kind verschwindet, geht ein ganzes Leben. Es geht auch eine Geschichte: ein kleiner Mensch, der die Spice Girls liebte und Bilder von Geri Halliwell in sein Album klebte, der Märchenbücher las, gerade noch sein langes Haar kämmte und nun auf einmal aus der Welt ist. Zurück bleibt eine Lücke. Für eine Mutter, die sich so freute, dass ihre Tochter so ein freundliches Wesen hatte; einen Vater, der stolz auf die guten Leistungen seiner Tochter in der Schule war; eine kleine Schwester, für die Hilal die liebste Spielfreundin war; einen großen Bruder, der immer auf seine kleinen Schwestern aufpasste. Außenstehende können nicht wirklich nachvollziehen, wie viel Schmerz und Verzweiflung bleiben, wenn eine solche Kluft in eine Familie geschlagen wird. Bei Hilals Familie kommt eine weitere Last dazu, die besonders schwer wiegt: die Ungewissheit.

Zeugen werden ausfindig gemacht. Im Supermarkt kann sich niemand an das Mädchen erinnern, aber die Kassenbons belegen, dass um 13:22 Uhr ein einzelnes Päckchen Kaugummi verkauft wurde. Hilal verschwand also sehr wahrscheinlich danach. Ein Gemüsehändler hat sie zuletzt um 13:25 Uhr gesehen. Jemand erzählt von einem Metzger, der Kinder anspricht. Jemand will zwei Männer mit einem Mädchen gesehen haben.

Nach einer Woche werden die Spezialisten des Landeskriminalamts hinzugezogen, darunter auch ich. Es ist meine erste Begegnung mit der Familie E. Gemeinsam mit Reinhard Chedor, dem Leiter der Ermittlungen, stehe ich in der Luruper Polizeiwache und bespreche die Ermittlungsergebnisse, als die Tür aufgeht und Hilals Eltern ins Besprechungszimmer kommen. Der Vater hat ein Paar Schuhe gekauft, die er auf den Tisch stellt: »Solche Schuhe trug Hilal«, sagt er. »Was macht ihr jetzt?« Wir erklären ihm, dass wir in alle Richtungen ermitteln. Er dreht sich um, geht mit seiner Frau aus der Tür und sagt: »Die machen nichts!«

Die Verzweiflung der Familie wächst mit jedem Tag. Die Ängste, die Traurigkeit – und die Wut, die auch der Ohnmacht entspringt, nichts tun zu können. Diese Wut findet kein Ventil. Die Angehörigen kennen den Täter nicht, sie wissen nicht, auf wen sie wütend sein können, ja, sie wissen nicht mal, ob es überhaupt einen Täter gibt, denn es könnte auch ein Unfall geschehen oder Hilal könnte weggelaufen sein. Sie wissen nichts.

Nicht selten richtet sich diese Wut dann gegen die Polizei. Wir müssen trotzdem Vertrauen aufbauen, aber dürfen keine falschen Hoffnungen wecken: »Momentan erscheint uns das Wahrscheinlichste, dass Hilal Opfer eines Verbrechens geworden ist. Wir versuchen alles zu tun, was wir können.« Keiner dieser Sätze beruhigt die Familie.

Ihr Leid wird größer. Ein Unbekannter ruft bei den Eltern an. Er sagt, er wisse, wo Hilal ist. Die Eltern sollen sich mit ihm in einer Stunde an der Christuskirche treffen. Sie fahren hin, warten. Vielleicht bringt der Mann Hilal sogar mit? Sie hoffen. Niemand kommt. Ein bösartiger Scherz? Oder weiß jemand, was geschehen ist? Ungewissheit.

Mittlerweile ist die Besondere Aufbauorganisation (BAO) »Morgenland« gegründet worden, ein Team aus 20 Beamten, das sich nur um die Suche nach Hilal kümmert. Den Hinweis auf den Metzger haben sie verfolgt. Sein Lieferwagen wird auf Spuren untersucht, aber es findet sich nichts.

Ein Sexualverbrechen scheint weiterhin am wahrscheinlichsten. Eine Zeugin hat sich gemeldet, die gegen 13:35 Uhr ein Mädchen an der Hand eines Mannes gesehen haben will. Er stieg mit dem Kind in ein dunkles Auto, wahrscheinlich ein alter BMW. Ein anderer Zeuge hat ebenfalls einen Mann mit einem Mädchen gesehen. Der Mann habe wie »Kojak« ausgesehen, wie der glatzköpfige Fernsehpolizist. Kojak in einem dunklen BMW?

Andere Möglichkeiten? Selbstmord? Unfall? Unwahrscheinlich, dann wäre das Mädchen mittlerweile gefunden worden. Genauso, wenn es davongelaufen wäre. Eine Entführung? Womöglich. Vielleicht gibt es Ansätze in der Familie? Politische Hintergründe in der Türkei? Rache? Oder ein Familienmitglied hat das Mädchen in die Türkei gebracht? Den Beamten sind Gerüchte zu Ohren gekommen, dass die Eltern sich trennen wollten. Ist das ein Ansatzpunkt? Wir wissen um das Leid der Familie, aber wir dürfen auch diese Möglichkeit nicht außer Acht lassen. Bald wird uns die erste große Lüge in diesem traurigen Fall begegnen.

Die Großmutter hat gelogen.

Frau D. ist 54 Jahre alt und die Mutter von Hilals Mutter. Sie folgte als junge Frau ihrem Mann aus Izmir nach Deutschland, wo er als Gastarbeiter nach Hamburg ging. Mittlerweile ist sie von ihm geschieden. Als sie nach Hilals Verschwinden mit Hilfe eines Dolmetschers vernommen wurde, war sie sehr wortkarg. Sie gab an, an jenem Nachmittag zwei türkische Freundinnen besucht zu haben. Nun, zwei Wochen später, versuchen die Ermittler den Tagesablauf jedes Familienmitgliedes nachzustellen. Sie machen sich auch mit Frau D. auf den Weg, gehen die Strecke ab, die sie angegeben hat, erst der Besuch bei der einen Freundin, dann der bei der anderen. Die Freundinnen haben ihre Angaben bestätigt, aber nun wird klar: So, wie ihn die 54-Jährige geschildert hat, kann der Tag niemals abgelaufen sein, sie hätte es zeitlich nicht zu beiden Freundinnen geschafft. Warum hat die Großmutter gelogen?

Wir finden neue Anhaltspunkte. Die Familien der Eltern kommen aus verschiedenen türkischen Städten und haben kein gutes Verhältnis zueinander. Die Großmutter hat ihre Familie in Izmir finanziell unterstützt. In der Zeit vor Hilals Verschwinden stellte sie die Zahlungen plötzlich ein. Weil sie das Geld brauchte, um Hilal in die Türkei zu bringen? Wollte sie sicherstellen, dass die Enkelin im Falle einer Trennung bei der Familie der Mutter bleibt? Oder wurde sie erpresst? Wurde Hilal entführt, weil die Großmutter nicht mehr zahlte?

Ein weiterer Zeuge meldet sich. Er habe Hilal am Tag ihres Verschwindens mit einer älteren Frau in einem Bus gesehen. Die Großmutter schweigt dazu. Sie lügt weiter. Sie streitet Kontakte zu Leuten in der Türkei ab, von denen erwiesen ist, dass sie regelmäßig mit ihnen telefoniert. Liegt die Antwort in der Türkei?

Der Chef der BAO, Reinhard Chedor, reist mit einigen Kollegen in die Türkei und bittet um Unterstützung. Am 7. Mai werden zeitgleich in der Türkei und in Hamburg mehrere Wohnungen durchsucht. Hilals Großmutter wird ohne Vorwarnung ins Polizeipräsidium gebracht und vernommen. In den Wohnungen wird nichts gefunden, leider auch nicht die lebende Hilal. Aber im Präsidium finden wir etwas: eine Erklärung für die Lügen.

Bei Ermittlungen in Familien treffen wir nicht selten auf Schweigen, Verschweigen und die Unwahrheit. Jeder in einer Familie hat ein Geheimnis, das er vor den anderen verbergen will. Das kann uns in schwierige Situationen bringen. Die Menschen selbst glauben, dass ihr Geheimnis uns ohnehin nicht weiterhelfen würde. Sie belügen uns oder schweigen, weil sie fürchten, dass auch die Angehörigen davon erfahren könnten. Etwa, dass das Alibi des Familienvaters in der Tatnacht in Wahrheit ein Besuch bei der Geliebten war. Dabei übersehen sie jedoch, dass ihre Lügen sie verdächtig machen. Nun, da sie merkt, welches Chaos ihre Lüge ausgelöst hat, offenbart sich uns Hilals Großmutter unter Tränen: An jenem Nachmittag, als Hilal verschwand, traf sie heimlich ihren Exmann, obwohl die ganze Familie den Kontakt abgebrochen hat. Niemand durfte davon erfahren. Eine Lüge, die uns viel Zeit und Aufwand gekostet hat.

Wieder am Nullpunkt. Am wahrscheinlichsten bleibt eine Hypothese: Hilal wurde das Opfer eines Sexualstraftäters, der sie aufgegriffen und verschleppt hat.

Was die E.s spüren, als sie von der Entlastung der Großmutter hören, ist nur teilweise Erleichterung: Es war zwar keine von ihnen, die für Hilals Verschwinden Verantwor-

128

tung trägt, aber die Hoffnung, wir könnten sie lebend in der Türkei finden, hat sich damit auch zerschlagen. Hilals Vater sagt dennoch später, dass die Ermittlungen in seiner Familie auch etwas Beruhigendes hatten: »Es geschieht etwas, die Polizei macht etwas!« Die Fragen im Kopf der Angehörigen hören nicht auf.

Lebt Hilal noch? Hat unser kleines Mädchen Schmerzen? Hat sie Angst? Sucht sie Trost? Hat sie Hoffnung? Ruft sie nach Mama und Papa? Ist sie enttäuscht, weil niemand kommt und sie beschützt? Ist sie verzweifelt? Oder ist sie schon tot? Musste sie leiden?

Keine Antworten.

Weitere Fragen. Wer war es? Was hat ER getan? Wie konnte er sie überwältigen? Hält er sie gefangen? In einem Kellerloch? Quält er sie? Missbraucht er sie? Warum macht er so etwas? Vielleicht hält er sie fest, weil er selbst gerne eine Tochter hätte und behandelt sie sogar gut? Oder hat er sie bereits getötet, vielleicht weil sie sich gewehrt hat?

Keine Antworten.

Und schließlich andere Fragen. Warum haben WIR, die Familie, es nicht verhindert? Was hätten wir tun können? Was wäre geschehen, wenn ich als Vater ihr nicht die Mark gegeben hätte? Wenn ich mitgegangen wäre? Was, wenn ich als Mutter zu Hause gewesen wäre? Verhindert hätte, dass Hilal allein auf die Straße geht? Was wäre wenn?

Jeder Unbeteiligte würde entschieden sagen: »Nichts hättet ihr tun können. Ihr könnt euer Kind doch nicht einsperren.« Diese Fragen erscheinen uns Außenstehenden sinnlos. Doch auf sie kann man wenigstens Antworten finden. Sie lauten: Wir sind schuld! Aber auch: Dann würde Hilal jetzt noch mit uns hier am Esstisch sitzen! Schuldgefühle sind eine Folter. Doch sie können auch als psychischer Schutzmechanismus dienen. Sie wehren ein noch unerträglicheres Gefühl ab: die Ohnmacht. Es kommt häufig vor, dass sich Eltern schwere Vorwürfe machen, wenn sie ihr Kind durch einen Unfall oder ein Verbrechen verloren haben, denn dieses quälende Schuldgefühl ist immer noch leichter zu ertragen als die Einsicht: Wir konnten nichts dagegen tun, wir sind solchen Schicksalsschlägen hilflos ausgeliefert – wir sind ohnmächtig.

Auch Wut oder tiefe Traurigkeit sind schwer auszuhalten. Doch sie sind zugleich produktiv. Wenn man bedroht oder schlecht behandelt wurde, setzen Aggressionen die nötige Energie frei, um sich zu wehren und die missliche Situation zu ändern. Trauer wiederum ermöglicht es, den Schmerz zu verarbeiten. Man kann zwar den Schaden nicht mehr ungeschehen machen, aber man hat die Möglichkeit, zu akzeptieren, was einem widerfahren ist, indem man trauert.

Doch was, wenn man nicht weiß, was geschehen ist? Man kann nichts an der Situation ändern. Man weiß nicht, auf wen man wütend sein soll. Man kann nicht trauern. Hier geben die Schuldgefühle einem Menschen wenigstens einen Hauch des Gefühls, Kontrolle über sein Leben zu haben, sei es auch nur, indem er sich verzweifelt ausmalt, wie er das Furchtbare hätte verhindern können. Vermeintlich geben sie sogar Sicherheit: Wenn wir uns in Zukunft anders verhalten, können wir solche Schicksalsschläge verhindern. Für Hilals Eltern endet sie nicht, die Ohnmacht.

Und schon bald begegnet uns in diesem Fall ihr Gegenstück: die Macht.

Im Juni 1999 sitze ich im Polizeipräsidium einem Mann gegenüber, bei dem sich mir aufdrängt, dass er das Spiel mit der Macht liebt. Der Mann hat eine Glatze. Er schluchzt zwischendurch und in seinen Augen glänzen Tränen. Ich reiche ihm Taschentücher, doch nehme ich ihm weder Reue noch Mitgefühl ab.

Die Ermittler der Abteilung für Sexualdelikte kamen auf seine Spur, weil ein Zeuge das Autokennzeichen des Mannes notiert hatte. Der Mann hat ein anderes kleines Mädchen namens Katharina entführt und sexuell missbraucht. Er parkte seinen Wagen vor einem Schwimmbad direkt am Gehweg, lauerte dort, und als das Mädchen vom Schwimmen kam, öffnete er die Beifahrertür, so dass sie nicht am Auto vorbeikam. Er drohte dem Kind mit einer Schere und zog es hinein. Dann fuhr er über die Autobahn aufs Land. Dort bog er in ein Waldstück ab, missbrauchte das Mädchen, fuhr weiter und setzte es mit einer Wäscheleine gefesselt in einem anderen Waldstück aus, wo es von einem Bauern gefunden wurde.

Nachdem der Mann festgenommen wurde, bat er um ein Gespräch mit einer Psychologin. Also sitze ich hier. Seine Tränen fließen wahrscheinlich eher aus Selbstmitleid. Er will sich wohl nicht offenbaren. Er will Trost. Er spricht davon, dass er sich bessern wolle, von Therapie, dass er seine Freundin heiraten wolle, ein Täter-Opfer-Gespräch führen, ein Praktikum im Altenheim machen und außerdem Organspender werden. Es scheint deutlich: Diesen Mann berührt das Schicksal seines Opfers in Wahrheit nicht. Er spricht nicht über seine Tat, er erzählt nichts von dem, was er dem Kind angetan hat. Er schluchzt, nimmt sich ein Tempo, schwört und redet. Aber kein Wort über das Leid des Kindes.

Bei all dieser vorgetragenen Reue scheint er permanent zu lügen. Den Vernehmungsbeamten hat er gesagt, er hätte einen »plötzlichen unkontrollierten Samenerguss« gehabt. Und auch jetzt erzählt er mir davon, dass er gar nicht wisse, was über ihn gekommen sei. Gegenüber seinem Gutachter behauptet er, dass er bei seiner Tat nicht erregt gewesen sei. Der Mann wird bei kritischen Fragen schnell unruhig. Er ist in seinem Umfeld bekannt dafür, große Reden zu schwingen, mit Erfolgen zu prahlen, die er gar nicht errungen hat. Er gilt als aufbrausend und aggressiv, insbesondere, wenn er Kritik ausgesetzt wird.

Ich vermute eine narzisstische Persönlichkeitsakzentuierung. Narzissten versuchen ein tiefsitzendes Minderwertigkeitsgefühl auszugleichen, indem sie ein grandioses Selbstbild entwickeln. Sich selbst für den Größten zu halten ist ein Abwehrmechanismus gegen die tiefsitzende Angst, nichts wert zu sein. Dieses übersteigerte Idealbild wollen sie von ihrer Umwelt gespiegelt bekommen. Manche motiviert das zu Höchstleistungen, aber viele auch zur Hochstapelei. Sie wollen gefallen, dürsten nach Bestätigung, manipulieren andere, wickeln sie um den Finger, erzählen Lügengeschichten, um Anerkennung zu bekommen. Und sie genießen es, Macht über andere zu haben, denn das zeigt ihnen, wie groß sie sind.

Der Geständige scheint zudem ausgeprägte dissoziale Persönlichkeitsanteile zu haben. Dieser Mann ist das, was man umgangssprachlich einen »eiskalten Psychopathen«

nennt, er ist reizbar und aggressiv, Gesetze und Normen interessieren ihn allem Anschein nach nicht, und er kann vermutlich weder Mitgefühl empfinden noch Verantwortung übernehmen.

Jetzt sagt der Mann:»Ich weiß nicht, wie das passieren konnte.« Spaltet er seine Handlungen von seiner sonstigen Persönlichkeit ab? Es hatte alles nichts mit ihm zu tun. Außerdem sei das Opfer ja auch selbst schuld:»Sie hätte doch nur die andere Straßenseite benutzen müssen.« Er bagatellisiert:»Ich habe ja keinen Geschlechtsverkehr mit ihr gehabt.« Er rationalisiert seine Tat:»Da saß sie halt nun in meinem Auto. Was soll man denn jetzt anderes tun als wegzufahren?«

Die Kollegen von der Kripo wollen nun von mir wissen, wie hoch ich die Wahrscheinlichkeit erachte, dass dieser Mann bereits vorher ein Sexualdelikt begangen hat. Nicht gering, schreibe ich in meinen Bericht. Dass er jetzt geständig ist, bedeutet nicht, dass er ein Verbrechen vorher nicht hätte verheimlichen können. Denn er gesteht offenbar nur, weil er weiß, dass es zu viele Beweise gibt. Der Ablauf der Tat, das raffinierte Parken, das Auflauern, die Schere und das Verschleppen sprechen zudem für einen hohen Professionalisierungsgrad. Auch dass er drei verschiedene, weit auseinanderliegende Orte gewählt hat, bestätigt das: vom Entführungsort zum Missbrauchsort und schließlich zu einem dritten Platz, wo er das Kind aussetzt. Der Täter hat dieses Verbrechen länger geplant, zumindest intensiv in Gedanken durchgespielt. Es ist nicht unwahrscheinlich, dass er möglicherweise bereits reale Erfahrungen mit dieser Vorgehensweise bei einer anderen Tat gemacht hat. Dieser Mann mit der Glatze.

Ein Mann, der aussieht wie Kojak? Der ein hübsches langhaariges Mädchen im Alter kurz vor der Pubertät entführt? Die Vorgehensweise? Vor einem Schwimmbad ins Auto gezerrt. Natürlich: Hilal.

Auch die Ermittler hatten sofort den Verdacht. Sie stellten eine Anfrage beim Bundeskriminalamt. Das Ergebnis lautet: Es sind in den vergangenen fünf Jahren in Norddeutschland nur zwei Fälle bekannt geworden, in denen der Täter nach diesem Modus Operandi, diesem Handlungsmuster vorging. Erstens: der Fall, wegen dem dieser Mann verhaftet wurde. Und zweitens: vielleicht bei Hilal.

Der Mann hat sich bei der Vernehmung noch weiter verdächtig gemacht. Er behauptete, er habe nie etwas von Hilals Verschwinden gehört, dabei schreiben die Zeitungen nahezu täglich darüber. Er sagte ungefragt, dass er den Stadtteil Lurup übrigens gar nicht kenne. Woher wusste er, dass es in Lurup passiert ist, wenn er angeblich von Hilal nie etwas gehört hat? Und dann ließ er noch eine Bemerkung fallen: »Es ist sicher schwierig für die Polizei, ein Verbrechen aufzuklären, wenn man die Leiche nicht findet.«

Dieser Satz passt zur Persönlichkeit eines Narzissten. Ein Narzisst würde es genießen, von oben herab auf die missliche Lage der Polizei anzuspielen. Das gibt ihm das Gefühl von Größe und Macht. Und wie groß ist die Macht erst, wenn man als Einziger über ein Wissen verfügt, das alle anderen auch wollen. Etwa davon, was mit Hilal passiert ist? Wo sie liegt?

Weiß dieser Mann es? Es könnte sein. Es ist nicht mal unwahrscheinlich. Aber können wir es beweisen?

Je länger ich die Akten anschaue, desto mehr Indizien zeigen sich. Der Mann leidet chronisch unter Asthma, einer Organkrankheit mit sogenannter psychosozialer Komponente. Psychosomatische Probleme sind nicht selten bei Sexualstraftätern. Diese Männer stehen aufgrund ihrer Persönlichkeit unter starkem inneren Druck, der zu solchen Beschwerden führen kann. Es ist auch dieser Druck, der sie ihre Taten begehen lässt. Sie wollen ihn dadurch abbauen. Und so kommt es zu dem Phänomen, dass in der Zeit vor einer Tat viele Täter besonders stark unter psychosomatischen Beschwerden leiden, denn auch sie sind eine Folge der gestiegenen Anspannung. Und in unserem Fall? Zeugen aus dem Umfeld des Mannes sagten, dass er zum Zeitpunkt der Entführung von Katharina häufiger über Asthma klagte. Und wir wissen, dass auch zwei Monate zuvor, am Tag, an dem Hilal verschwand, seine Beschwerden besonders groß waren. Er war deshalb sogar krankgeschrieben.

Auslöser für den Druck, die Beschwerden und letztlich die Tat sind meist Stressoren, also belastende Ereignisse. Als Grund für das Verbrechen an Katharina nennt der Mann Probleme am Arbeitsplatz, Streit mit seiner Freundin und eine anstehende große Renovierung seiner Wohnung. Sie hätten dazu geführt, dass er »austickte«. Diese Probleme waren zwei Monate zuvor sogar noch akuter. Er hatte damals auch eine Prostituierte besucht – eine Türkin. Und immer, wenn er Stress hatte, neigte er zum »Kreisen«, zum ziellosen Durch-die-Gegend-Fahren. Die Indizien sind aus psychologischer Sicht durchaus stark, sage ich den Ermittlern.

Auch ihnen gegenüber macht er sich immer verdächtiger. Er hat für den Tag von Hilals Verschwinden kein Alibi, und seine Freundin kam erst spät nach Hause, so dass Zeit geblieben wäre, um sich zu beruhigen und Spuren zu verwischen. Und noch alarmierter werden wir, als wir versuchen, mit ihm das Verbrechen an Katharina zu rekonstruieren. Ein Team fährt mit ihm die Strecke ab, erst zum Schwimmbad, an dem er Katharina aufgriff, und dann weiter über die Autobahn. Er schildert akribisch die Details seiner Vorgehensweise. Er zeigt den genauen Fahrtweg und führt ohne Umweg zum Baum, an dem er das Kind aussetzte. Alles weiß er noch. Nur eines will ihm einfach nicht mehr einfallen: der Ort, an dem er das Kind missbrauchte. Er wisse es nicht so genau, er sei aufgeregt gewesen, könne sich nicht erinnern. Eine Kiesgrube sei in der Nähe gewesen. Eine Kiesgrube? In dieser Gegend gibt es keine Kiesgrube.

Erinnert er sich wirklich nicht? Oder will er den Missbrauchsort nicht nennen? Warum?

Ich habe eine mögliche Erklärung, die ihn nicht unbedingt entlastet. Gewalttäter nutzen für ihre Taten gerne Plätze, an denen sie zuvor schon eine Tat begangen haben: Sie bleiben ihrem »Erfolgsmodell« treu. Ist das der Grund für seine Ausreden? Weil er an dem Ort, an dem er sich an Katharina verging, auch Hilal missbrauchte? Weil dort Spuren zu finden wären? Vielleicht sogar ihre Leiche liegt?

Wir stoßen auf eine Zeugenaussage. Ein Mann sagt, er habe in der Nähe von Hilals Wohnhaus einen grünen VW-Golf gesehen, als sie verschwand. Der Verdächtige fährt einen grünen VW-Golf. Es stellt sich auch heraus, dass er im August 1993 Verwandte in Schleswig-Holstein besuchte. Genau in dieser Zeit verschwand dort ein elfjähriges Mädchen spurlos. Ein Serientäter? Der Mann streit et es ab. Er erzählt alle Details seiner Tat, aber weiterhin nichts zum Missbrauchsort und weiterhin nichts zu Hilal. Weder sagt er etwas, das ihn entlasten könnte, noch etwas, das sein fehlendes Alibi erklärt. Es ist, als wolle er die Ermittler abblitzen lassen.

Macht gewinnt man, indem man andere ohnmächtig macht. Dieses Bedürfnis kann ein wesentliches Tatmotiv sein: die vollkommene Kontrolle über einen Menschen spüren zu wollen. Darum sind auch so häufig Kinder die Opfer von Sexualdelikten. Es liegt nicht immer daran, dass die Täter pädophil sind, sondern daran, dass Kinder am leichtesten unter Kontrolle zu bringen sind. Aus demselben Grund werden auch ältere Frauen vergewaltigt. Und aus demselben Grund kann man auch Freude daran haben, ein Geheimnis nicht preiszugeben. Wie mächtig man doch ist, wenn alle eine Information brauchen, die man ganz für sich behält.

Wir starten mehrere Anläufe, ermitteln im Umfeld des Mannes, vernehmen ihn wieder und wieder. Er redet viel, aber schweigt weiter an den Punkten, die uns Klarheit bringen würden. Keine Beweise, weder entlastende noch belastende.

Der Mann wird wegen des Missbrauchs an Katharina angeklagt. Hilals Mutter verfolgt den Prozess im Gericht. Sie sagt später, dass sie ihm in die Augen sehen wollte. Aber er dreht sich kein einziges Mal zu ihr um. Hilals älterer Bruder sagt vor Freunden, dass er sich »diesen Mörder« packen will. Müssen wir uns Sorgen machen? Es ist ein typischer Vorgang, dass sich Trauer und Ohnmacht in Aggression verwandeln. Aber Polizeibeamte führen ein Gespräch mit ihm, in dem er sich einsichtig zeigt.

Der Mann wird zu sieben Jahren Haft verurteilt. Wir wissen bis heute nicht, ob dieser Mann eine Antwort auf unsere Fragen und die der Familie E. hat. Es fällt schwer, zu glauben, dass er sich an den Missbrauchsort nicht mehr erinnert. Aber wir können ihn nicht zum Reden zwingen. Wir können ihn nur weiter beobachten.

Die Familie E. muss weiterhin mit dieser Zerrissenheit leben, die nicht endet. Dafür wäre vor allem das Abschiednehmen nötig. Es ist wichtig für Eltern, ihr Kind am Totenbett zu besuchen. Der Moment ist unsagbar traurig und erschütternd, aber es ist ein Augenblick, in dem die Wahrheit im Wortsinne greifbar wird. Sie können ihr Mädchen berühren, ihm über die Wange streichen, mit eigenen Augen sehen: »Es ist tot, das ist eine Tatsache.« Es ist sehr schmerzvoll, bringt aber auch die Chance zu verarbeiten. Man kann sich dann auch später an all die schönen Momente erinnern, diesen Verlust als das traurige Ende in einem schönen Buch verstehen, dessen schöne Stellen man in der Erinnerung immer wieder aufschlagen kann.

Und die Familie E.? Lebt Hilal? Ist sie tot? Hoffen wir? Oder nehmen wir es hin? Eine solche Situation kann zu weiteren schweren Problemen in Familien führen. Jeder verarbeitet auf seine Art, jeder bräuchte Unterstützung, die ihm der andere nicht geben kann, weil er selbst hilfsbedürftig ist. Der eine Elternteil geht davon aus, dass sie tot ist und versucht zu trauern. Er schreit vielleicht: Wir müssen es akzeptieren, unser Leben geht weiter! Der andere wirft ihm vor: Wie kannst du unser kleines Mädchen aufgeben! Die Geschwister leiden nicht nur unter dem Verlust, sondern auch darunter, dass sich die Eltern zu wenig um sie kümmern können. Oder sie leiden unter der Angst der Eltern. Die Eltern bringen es nicht mehr über sich, den zwölfjährigen Sohn allein aus dem Haus gehen zu lassen, doch sie wissen, dass er sich vor seinen Klassenkameraden schämt, wenn Mama immer mit zur Schule kommt. Diese Konflikte, dieser Schmerz, diese Ängste und Zweifel lassen sich aus einer Familienbiographie nicht mehr ausradieren. Man kann irgendwann den leeren Stuhl am Küchentisch auf den Dachboden stellen, aber er wird trotzdem immer mahnend im Raum stehen.

Was machen wir mit der Aussteuer, die wir für Hilal schon seit ihrer Geburt sammeln? Sollen wir sie wegschmeißen? Wann räumen wir das Kinderzimmer aus? Wäre das nicht Verrat? Wie erklären wir das Hilal, falls sie doch noch zurückkehrt? Die Mutter würde gerne wieder in die Türkei ziehen. Aber darf die Familie das? Was, falls Hilal doch noch wiederkommt und ihre Familie in ein für sie fremdes Land gezogen ist? Hätten wir sie dann nicht im Stich gelassen? Das Leiden der Familie E. geht weiter.

Sechs Jahre später, im März 2005, sind die Zeitungen wieder voll mit Berichten über Hilal: »Hilals Schicksal vor Aufklärung« heißt es.

Ein Mann hat gestanden.

Seit fünf Jahren befindet sich Thomas Lehmann in der forensischen Abteilung einer psychiatrischen Klinik in Hamburg. Das Landgericht hat ihn dazu verurteilt, weil er sechs Kinder und Jugendliche missbraucht oder sexuell genötigt hat. Zuletzt hatte Lehmann im Mai 2000 ein achtjähriges Mädchen in sein Auto gelockt und es am Hals gewürgt, weil es sich nicht ausziehen wollte. Als das Mädchen fast bewusstlos war, ließ er ab und brachte es zu einer Polizeiwache. Er befahl dem Kind zu erzählen, es sei von Jungen verprügelt worden. Er selbst sagte den Beamten, er habe das verletzte Mädchen am Straßenrand gefunden. Lehmann wirkte absolut überzeugend. Er gab den Polizisten seine Personalien. Auf der Heimfahrt dämmerte ihm, dass er sicherlich identifiziert würde, wenn das Mädchen doch aussagte. Er stellte sich. Im Lauf der Ermittlungen kam heraus, dass Lehmann mindestens fünf weitere Kinder und Jugendliche missbraucht hatte.

Lehmann erschien uns gleich nach seiner Verhaftung verdächtig, auch Hilal entführt zu haben. Er hat eine Glatze; die Beschreibung »Kojak« konnte passen. Bei seiner letzten Tat wendete er lebensbedrohliche Gewalt an. Er ließ zwar von dem Mädchen ab, weil er von der eigenen Aggression geschockt war, aber das heißt nicht, dass er nicht zuvor ein Mädchen getötet haben könnte, vielleicht weil er zu spät seinen Griff löste. Mädchen, kurz vor der Pubertät, waren für ihn anziehend. Er neigte zum Cruisen mit dem Auto, um spontan Opfer aufzugreifen, die er gerne mit dem Angebot lockte, für Geld Zeitungen auszutragen. Auch er fuhr einen grünen VW-Golf, wie ihn Zeugen zum Zeitpunkt von Hilals Verschwinden gesehen hatten. Diesen Wagen verkaufte er kurz danach zu einem auffallend niedrigen Preis ins Ausland, wo er trotz aufwendiger Ermittlungen nicht mehr zu finden war. Hat er so alle Spuren beseitigt?

Der Verdacht erhärtete sich vorerst nicht, da Lehmann für den Tag von Hilals Verschwinden ein Alibi hatte. Er arbeitete als Gärtner. Sein Bruder, der auch sein Chef war, gab an, dass Lehmann in einem Haus in einem Vorort Hamburgs gearbeitet habe. Doch als nun nach fünf

Jahren die Akte noch mal geöffnet wird, stellt sich heraus, dass niemand Lehmanns angebliches Alibi bestätigen konnte. Die Spur ist wieder heiß.

Bevor die Ermittler der BAO »Morgenland« die Vernehmungen wieder aufnehmen, bitten sie mich um psychologischen Rat: Wie können sie Lehmann zu einem umfassenden Geständnis bewegen und dazu, dass er den Ablageort der Leiche nennt, sofern er der Täter ist?

Ich studiere die Unterlagen. Pädophilie und eine kombinierte Persönlichkeitsstörung: Borderline-Störung mit dissozialen, ängstlich-vermeidenden und abhängigen Anteilen. Es ist eine ziemlich komplexe Mischung. Sogenannte Borderliner haben Schwierigkeiten, ihre Emotionen einzuordnen, sie werden oft regelrecht von ihnen überwältigt und vollziehen impulsive Handlungen. Sie können schnell in Wut geraten oder passiv aggressiv werden, also in anklagendes Leiden verfallen, aber auch Zustände innerer Leere spüren. Dissoziale kennen weder Verantwortungs- noch Schuldgefühle, sie haben keine Skrupel, ethische Regeln zu verletzen. Ängstlich-Vermeidende wiederum haben ein sehr schwaches Selbstwertgefühl, leiden unter Versagensängsten, sind unsicher im Umgang mit Mitmenschen und scheuen Herausforderungen. Dependente fühlen sich abhängig von der Unterstützung durch andere und tun alles, um diese Unterstützung zu bekommen. In Lehmanns Persönlichkeit sind diese Störungsbilder gemischt, zudem hat er einen niedrigen Intelligenzquotienten von unter 90. Man kann sagen: Dieser facettenreiche Mann ist nur schwer zu begreifen.

Aber er liefert mir ein paar Ansatzpunkte. Ein Geständnis erscheint sehr wahrscheinlich, denn Lehmann kann schwer verbergen, wenn ihn etwas bewegt. Möglicherweise sind dafür mehrere Vernehmungen nötig, um eine Beziehung herzustellen. Zu Beginn sollte leichter emotionaler Druck aufgebaut werden, vielleicht über seine Familie. Lehmann ist 31 Jahre und lebte bis zu seiner Verhaftung fünf Jahre zuvor noch bei seiner Großmutter, die ihn regelmäßig in der Klinik besucht. Gemeinsam mit seiner Tante ist sie seine engste Bezugsperson. Wenn ihm deutlich wird, dass wir auch seine Familie vernehmen, könnte das seine Bereitschaft auszusagen erhöhen. Es wäre auch hilfreich, wenn die Familie auf ihn einwirkt.

Die Kollegen sollten betonen, dass wir nicht lockerlassen. Und sie sollten ihn mit den Indizien konfrontieren, dabei aber empathisch und verständnisvoll bleiben. Lehmann nahm seine Taten manchmal mit der Kamera auf und spielte die Filme Teenagern vor, die er zu sich nach Hause lockte. Die Filme hat Lehmann gelöscht, aber einer dieser Jugendlichen sagt nun aus, dass Lehmann ihm eine Szene im Wald zeigte – mit einem Mädchen, das wie Hilal aussah. Obwohl er seinen jugendlichen Freunden gegenüber selten aggressiv wurde, drohte Lehmann dem Jungen, ja nichts zu erzählen. Womöglich hat er bei seiner letzten Tat das Würgen abgebrochen, weil in diesem Moment der innere Film vom Mord an Hilal vor seinen Augen ablief. Die Vorführung des Filmes vor dem Jugendlichen spricht dafür, dass er ambivalent ist. Er will es einerseits verschweigen, anderseits auch »loswerden«, und zwar nicht die Wahrheit, sondern die Schuld. Wenn man an seiner Erinnerung rührt, könnte es dazu führen, dass die dazugehörigen Emotionen wieder sehr stark aufgewühlt werden. Da dieser Mann seine Gefühle nur

142

schwer regulieren kann, ist es wahrscheinlich, dass er gesteht, um den inneren Druck loszuwerden.

Die Polizisten sollen in der Vernehmung erwähnen, wie erleichtert Täter sind, nachdem sie gestanden haben. Dass er es in der Hand hat, die Familie von Hilal von ihren furchtbaren Zweifeln zu erlösen. Das dürfte sein Bedürfnis berühren, von den Beamten gemocht zu werden, weil sie ihm dankbar sind. Die Polizisten können sagen, es habe sich ohnehin gezeigt, dass er aus dem Tod von Hilal gelernt hat: Schließlich ließ er von seinem letzten Opfer rechtzeitig ab. Er müsse keine Angst haben, dass die Beamten ihn für ein Monster halten. Mir scheint es möglich, dass er seine Tat erst einem vertrauten Psychologen im Therapiegespräch gesteht. Das gebe ich den Kollegen mit auf den Weg.

Es kommt zu zwei Vernehmungen. Lehmann streitet alles ab. Doch dann offenbart er sich in der Klinik: Ja, ich habe Hilal ermordet. Kurz darauf wiederholt er das Geständnis vor der Polizei. Er habe Hilal entführt, missbraucht, getötet und dann im Stadtpark vergraben.

»Hilals Schicksal vor Aufklärung«?

Gleich am folgenden Tag fahren mehrere Polizeibeamte mit Lehmann in den Stadtpark. Er ist etwas aufgeregt, wirkt aber sehr bemüht. Er führt sie zu einer Stelle unter Bäumen. Die Beamten und ihre Helfer graben. Sie finden nichts.

Lehmann sagt: »Ich war es doch nicht.«

Einige Tage später kommen die Ermittler mit der nächsten Frage zu mir: Erscheint das Geständnis wirklichkeitsnah, oder ist es womöglich ein Falschgeständnis? So sitze ich in unserem Besprechungsraum vor dem

Fernseher und schaue mir das Video der Vernehmung an. Lehmann spricht von der Tat, die er begangen haben will. Sein Blick ist starr. Er sieht dem Ermittler in die Augen. Fast krampfhaft. Das ist auffällig. Er spricht sehr hölzern. Denkt er sich etwas aus? Lügt er?

Man kann das höchstens vermuten. Mit Gewissheit kann das auch kein Psychologe sagen. Die wissenschaftliche Forschung kommt seit über 100 Jahren immer wieder zum gleichen Ergebnis: Es gibt keine eindeutigen Signale, anhand derer ein Lügner entlarvt werden kann, auch wenn das immer wieder behauptet wird. Auch als ich im Jahr 2003 ein viermonatiges Seminar in den USA besuchte, um in der Anwendung eines Polygraphen, eines Lügendetektors, ausgebildet zu werden, lernte ich: Eindeutige Symptome gibt es nicht. Zwar kursiert beispielsweise die Theorie, dass die Blickrichtung beim Reden etwas über den Denkprozess aussagen würde. Blickt man in die linke Ecke, konstruiert man etwas, blickt man nach rechts, ruft man eine Erinnerung ab. Auch das stimmt leider nicht. Solche auffälligen Verhaltensweisen wie Lehmanns starrer Blick oder auch ein Stottern können nur als Indiz dafür dienen, dass wir uns an dieser Stelle das Gesagte genauer ansehen müssen. Ob der Mann starr in die Augen blickt, weil er die Wahrheit sagt? Oder weil ihn die Vernehmungssituation nervös macht? Oder weil er krampfhaft darüber hinwegtäuschen will, dass er lügt? Niemand weiß das, nur Lehmann. Und selbst darüber können wir uns bei diesem Menschen nicht ganz sicher sein.

Wir stecken in einem Dilemma. Wir haben keine Spuren von der Tat, nichts. Wir können deshalb nicht den Tathergang analysieren und daraus lesen, was den Täter motiviert hat und wo seine empfindlichen Punkte liegen. Wir können ihn auch nicht mit Fakten konfrontieren. Und wir können den Wahrheitsgehalt seines Geständnisses nur schwer verifizieren.

Denn zur Überprüfung, ob ein Geständiger die Wahrheit sagt, dient am besten das sogenannte Täterwissen. Das sind Details einer Tat, die nur die Polizei und der Täter wissen können: der Platz, an dem das Opfer versteckt wurde, ob es vergraben oder abgelegt, erwürgt oder erstochen wurde, in welcher Form er es missbraucht hat und welche Farbe das Seil hatte, mit dem es gefesselt war.

Oder: welche Farbe der Slip des Opfers hatte.

Hier gibt es eine Stelle in Lehmanns sonderbarem Geständnis, die uns stutzig macht. Wir wissen von den Eltern, was Hilal an jenem Tag trug. Der Junge, dem Lehmann das Video aus dem Wald vorspielte, wurde auch gefragt, was das Mädchen anhatte. Er konnte Hilals Unterhose beschreiben, die durchaus eine außergewöhnliche Farbe hatte!

War es ein Falschgeständnis oder ein wahres, bei dem Lehmann nasse Füße bekommen hat? Falschgeständnisse kommen aus unterschiedlichen Motiven zustande. Manche Menschen gestehen, weil sie äußerem Druck nicht standhalten können. Folteropfer etwa versuchen sich mit Falschgeständnissen zu retten, aber bei labilen Menschen kann auch eine korrekte rechtsstaatliche Vernehmung dazu führen, dass sie unbedingt diese für sie unerträgliche Situation beenden wollen. Bei bestimmten Persönlichkeiten reichen auch geringer Druck und suggestive Fragen dafür aus, dass sie Erinnerungslücken füllen, weil sie das Gegenüber zufriedenstellen wollen oder sogar, weil sie der eigenen Erinnerung nicht vertrauen. Das kann so weit gehen, dass sie selbst glauben, was sie sagen. Ihr Gedächtnis ist verschmutzt.

Es gibt auch Falschgeständnisse, die ohne Druck oder Suggestion zustande kommen. Etwa, weil jemand einen anderen Menschen decken will, oder aufgrund psychischer Erkrankungen. Beispielsweise können psychotische Menschen die Realität von Wahnvorstellungen und Halluzinationen oft nicht abgrenzen. Auch Persönlichkeitsgestörte bezichtigen sich manchmal selbst, um bestimmte Bedürfnisse zu befriedigen: Narzissten, um sich einzigartig zu fühlen; Dependente, um den Vernehmenden zu gefallen; Borderliner, um sich selbst zu schaden. Und ein weiterer Faktor erhöht das Risiko eines Falschgeständnisses: ein niedriger IQ. Wer nicht intelligent genug ist, die Konsequenzen seines Handelns abzuschätzen, folgt schneller Impulsen, die ihm kurzfristig helfen, aber ihn langfristig in große Schwierigkeiten bringen. Lehmann: Borderline-Störung, Narzissmus, Dependenz und ein IQ von weniger als 90.

Ich gehe Zeugenaussagen durch. Die äußeren Umstände zur Zeit des Geständnisses: Lehmann wurde von anderen Patienten als Kinderschänder beschimpft, es wurden ihm Prügel angedroht. Er stand also unter Druck und hatte Angst. Vor dem Geständnis wurde ihm Rauchverbot erteilt, was ihn sehr quälte. Und dann kamen die Besucher von der Polizei, über die er sich bei allen Vorhaltungen auch freute: Sie schenkten ihm so viel Aufmerksamkeit und gingen höflich mit ihm um. Insbesondere einen Kommissar fand er »sehr nett«, wie er später in der Klinik erzählte. Wollte er einfach irgendwas machen, um den Druck loszuwerden, unter dem er stand? Dabei auch dafür sorgen, dass die netten Polizisten wiederkommen? Wollte er nur irgendwie seine Situation verbessern? Als einziger Mensch auf der ganzen Welt, der weiß, wo die Leiche liegt, wäre er auf einmal ein bedeutender Patient auf der Station, eine Art V.I.P., er wäre schützenswerter, könnte Privilegien verlangen. Das könnten seine kindlichen Gedanken gewesen sein.

Ja, es ist aus psychologischer Sicht durchaus möglich, dass er sich sein Geständnis ausgedacht hat, sage ich den Kollegen. Als der ersehnte Zustand erreicht war und er mit »Zuwendung« versorgt war, die Polizei mit ihm sogar einen »Ausflug« unternahm, war es nicht mehr nötig, die Lüge aufrechtzuerhalten. Er widerrief.

Aber es könnte auch sein, dass er die Wahrheit sagte. Sie könnte aus ihm herausgebrochen sein, damit er wenigstens eine Last loswird. Lehmann ist zwar vielleicht nicht emotional, aber kognitiv imstande, zwischen Recht und Unrecht zu unterscheiden, und er hat Angst vor Strafe. Er stellte sich nach seiner letzten Tat, weil er fürchtete, ohnehin gefasst zu werden, und sich erhoffte, dadurch besser behandelt zu werden. In der Klinik beichtete er einmal von sich aus, dass er sich nicht an ein Verbot gehalten hat – aus Angst vor Strafe. Derselbe Entlastungswunsch könnte beim Geständnis gewaltet haben. Und als er die Entlastung spürte, machte er einen Rückzieher, weil er nicht so weit denken konnte, dass das Problem und der Druck dadurch nur aufgeschoben wären. Auch das würde seinem kindlichen Denken entsprechen.

Leider kann ich den Kollegen keine Gewissheit geben. Aber falls Lehmann der Täter sein sollte, müssen wir uns fragen: Welche Widerstände könnten ihn daran hindern, alles zu gestehen, indem er uns zur Leiche führt?

Wir können nur eines machen: Die Wahrscheinlichkeit erhöhen, dass Lehmann sich öffnet und die Wahrheit sagt, sofern er sie wirklich weiß. Die Ermittler und ich setzen uns zusammen. Was könnte ihn davon abhalten, sich zu offenbaren? Hat er Angst, seine Großmutter und seine Tante könnten sich abwenden, wenn sie erfahren, dass er ein Mörder ist? Wir müssen mit den beiden reden.

Die Großmutter sagt uns: Ja, ihr Enkel könnte der Mörder sein, sie befürchte das auch. Aber sie würde ihn nicht fallenlassen. Und so sitzt Lehmann ein paar Tage später Großmutter und Tante im Besucherzimmer gegenüber. Sie versichern ihm ihre Unterstützung. Er soll es ruhig zugeben, wenn er der Täter war, endlich reinen Tisch machen und die Polizei zur Leiche führen. »Ich war es nicht«, sagt Lehmann.

Und nun? Sollten wir ihm gemeinsam mit seiner Familie drohen? Keine Besuche mehr! Oder sollte ihn jemand in den Gesprächen »härter anfassen«? Nein. Ohnehin ist ein aggressives Vernehmungsverhalten selten hilfreich. Es gibt aus Actionfilmen den Mythos von »Good Cop, Bad Cop«, die sich vorher absprechen, wer den Verdächtigen »auseinandernimmt«. Aber ein Bad Cop zerstört mehr, als er bewirkt: nämlich die nötige Beziehung für ein Geständnis. Und der Good Cop? Zu welchem der Beamten der Verdächtige eine bessere Beziehung aufbauen kann, ergibt sich erst in der Vernehmungssituation. Wen schaut er an? Bei welchen Themen? In peinlichen Momenten? Es ist sinnvoller, wenn der Vernehmende seinen Good Cop

148

selbst aussucht. Entsprechend stellt dieser Beamte die heikleren Fragen, der andere hält sich dann etwas zurück und beobachtet.

Bei Lehmann hat sich der »nette« Kommissar als Bezugsperson herauskristallisiert. Lehmann nennt ihn Kumpel, träumt davon, mit ihm mal die Klinik zu verlassen und bei einem Ausflug ein Bier zu trinken. Der Kollege muss schnell klarstellen, dass er diese Phantasie nicht erfüllen wird. Falsche Versprechungen machen die Konstellation nur komplizierter. Und kompliziert ist sie ohnehin. Wir müssen das leider in den folgenden Monaten feststellen.

Die Kollegen besuchen ihn immer wieder. Lehmann leugnet weiter. Aber dann beichtet er einer Bekannten, dass er »Phantasien« hatte, in denen ihre Halbschwester vorkam. Das kleine Mädchen ist Halbtürkin. Lehmann gesteht gegenüber seiner Tante die Tat, streitet sie im gleichen Gespräch dann aber wieder ab. Er verliebt sich in einen Patient und erzählt auch ihm vom Mord an Hilal. Der Patient berichtet den Polizeibeamten, Lehmann hätte Worte wie »Waldstück, irgendwie verbuddelt« gesagt und geschildert, wie er seinen Golf verkaufte, aus Angst vor DNA-Spuren. Uns gegenüber streitet er weiterhin alles ab. Aber plötzlich erzählt er ungefragt, dass er zur Tatzeit wirklich nicht in dem Garten arbeitete, der ihm ursprünglich als Alibi diente. Er habe auf einem Friedhof gegärtnert: zehn Minuten entfernt vom Einkaufszentrum, vor dem Hilal verschwand. Dann gibt auch noch Lehmanns Chef zu, dass Lehmann allein auf dem Friedhof gearbeitet haben könnte. Er hätte jederzeit unbemerkt auf Kindersuche fahren können.

Ein vernehmender Kommissar konfrontiert Lehmann mit einem weiteren Ermittlungsergebnis: »Eine Zeugin hat Sie damals auf einem Spielplatz in Hilals Wohngegend gesehen.« – »Die Zeugen wollen mich reinreißen!« – »Die Zeugin hat doch keinen Grund zu lügen.« Lehmann verliert die Fassung: »Ja, ich kannte Hilal. Ich habe sie auf dem Spielplatz angesprochen. Ich habe sie aber nicht entführt und nicht umgebracht!« Vielleicht habe er schon einmal Mädchen in der Gegend angesprochen. Er beschreibt die Kleidung eines dieser Kinder. Es entspricht der Kleidung, die eine Freundin von Hilal drei Tage vor deren Verschwinden trug. Sie war damals gemeinsam mit Hilal auf einem Spielplatz. Später sagt Lehmann dann aber, er habe sich das nur ausgedacht. Immer wieder vernehmen die Kollegen ihn, mal der »nette« Kommissar, mal ein anderer. Lehmann wird immer nervöser. Er muss zwischenzeitlich sogar im Krisenraum der Klinik untergebracht werden. Suizidgefahr.

Und dann ist es wieder so weit: Lehmann gesteht ein zweites Mal.

Über ein halbes Jahr nachdem wir die Spur »Lehmann« wieder aufgenommen haben, gibt er gegenüber einem Therapeuten zu, Hilal getötet zu haben. Es sei in der Nähe einer Hausruine passiert, er habe danach versucht, die Leiche zu verbrennen, und sie später in einen Müllcontainer gesteckt. Er ruft gleich danach im Präsidium an und wiederholt die Schilderung.

Es folgt ein Nervenzusammenbruch. Lehmann verbringt ein paar Tage im Krisenraum, bevor er im Polizeipräsidium vernommen wird. Er weint und erzählt, dass Mitinsassen ihn bedroht hätten. Seine Tante und die Großmutter kommen. Er erzählt ihnen, dass er die Leiche in einen Müllcontainer gelegt habe. Den Beamten sagt er, er habe sie bei der Hausruine auf einer Wiese vergraben.

Also fahren wir mit ihm zur Ruine. Er weist den Weg zur Wiese: Dort liegt sie angeblich. Einige Tage drauf ruft er wieder im Präsidium an, sagt, es sei doch der Müllcontainer gewesen, dann wieder die Wiese. Er fährt bald darauf mit den Beamten zur Wiese und markiert mit einer Spitzhacke die genaue Stelle. Seiner Großmutter schildert er, wie er das Kind würgte, was er dabei empfand und dass es so schöne Augen gehabt habe.

Ein paar Tage später fährt ein Team der Polizei und des Technischen Hilfswerks zur Wiese. Ein Georadargerät wird eingesetzt, das die Erdschichten mit elektromagnetischer Strahlung untersucht. Sie suchen und graben. Und finden wieder nichts.

Lehmann bleibt dennoch bei seinem Geständnis, er will wieder mit der Polizei zur Wiese fahren, er droht zwischenzeitlich mit Suizid, widerruft schließlich sein Geständnis, behauptet dann aber, er habe es nur zurückgezogen, weil sein Anwalt es so wollte.

Irgendwann wird uns klar: Wir werden an dieser Stelle vorerst nicht weiterkommen. Es ist nicht unwahrscheinlich, dass Lehmann der Mörder ist. Es ist nicht unwahrscheinlich, dass er es nicht ist. Weder die Ermittler noch ich als Psychologin wissen die Antwort. Wenn, dann muss Lehmann von selbst kommen, vielleicht weil sich doch so etwas wie Mitgefühl mit der Familie regt.

Immer noch keine Antworten.

Lehmann sitzt weiterhin in der Psychiatrie. Der andere Tatverdächtige ist mittlerweile auf freiem Fuß. Aus rechtlichen Gründen können wir ihn nicht wieder und wieder vernehmen, solange es keine neuen Ansätze gibt. Jeder der beiden könnte es gewesen sein. Doch es könnte auch ein anderer Mann der Mörder von Hilal sein. Die Ermittlungen laufen weiter. Mord verjährt nicht. Denn das scheint leider die wahrscheinlichste Erklärung für Hilals Verschwinden zu sein. Wann immer ein Sexualdelikt an einem kleinen Mädchen geschieht, überprüfen wir einen Bezug zu Hilal. In regelmäßigen Abständen durchblättern die Beamten die Akten, um zu überlegen, ob es einen neuen Ansatzpunkt gibt. Wenn einer der zuständigen Polizisten die Abteilung verlässt, übernimmt sein Nachfolger die Akten. Die Zeitungen berichten zu den Jahrestagen. Wir bleiben nach allen Seiten offen. Vielleicht fällt doch noch jemandem ein, dass sein Partner, Verwandter oder Bekannter sich in jener Zeit verdächtig verhalten hat. Oft haben Menschen eine Ahnung, aber sie trauen sich nicht, ihr nachzugehen, weil sie fürchten, ihr Verdacht könnte sich bestätigen. Weil sie nicht wahrhaben wollen, dass ein Mensch aus ihrem Umfeld ein Mörder sein könnte. Aber genau auf diese Zeugen sind wir und Hilals Familie angewiesen. Auch die immer noch Verdächtigen behalten wir im Auge. Wir können nicht sicher sein, dass es einer der beiden Männer war. Aber es ist durchaus möglich, dass sich jemand heimlich daran erfreut, welche Folter und welchen Schmerz er der Familie antut, und im Verborgenen genießt, welche Macht er hat.

Die Familie E. wartet noch immer auf eine Gewissheit, auch wenn sie mittlerweile zu akzeptieren versucht, dass sie ihre Tochter und Schwester nie wiedersehen wird. Es ist ein lebenslanger Prozess für Angehörige. Über Jahre hinweg kommen die Alpträume, in denen das verlorene Kind auftritt. Auch das Wesen der Angehörigen scheint sich in vielen Fällen zu verändern. Der eine wird vielleicht überaktiv, der andere zieht sich zurück und interessiert sich nicht mehr für das, was um ihn herum geschieht. Schlafstörungen, Reizbarkeit, Wutausbrüche. Es entsteht auch häufig das Gefühl, selbst tot, stumpf, leer zu sein. Viele Menschen greifen nach einem solchen Verlust zum Alkohol.

Hilals Eltern denken noch heute jeden Tag an ihre Tochter. Sie sind in einen anderen Stadtteil gezogen, weg vom Einkaufszentrum. In ihren Phantasien taucht Hilal immer wieder auf. Sie wäre heute eine erwachsene Frau. Sie würde selbst ihr Leibgericht Sarma kochen können, gefüllte Weinblätter. Vielleicht würde sie studieren, denn sie war doch eine so gute Schülerin, damals in der vierten Klasse. Und noch immer zuckt ihr Vater zusammen, wenn er auf der Straße ein Mädchen mit langen schwarzen Haaren sieht.

Dagobert

Am 13. Juni 1992 um 01:00 Uhr explodieren in der Karstadt-Filiale in der Hamburger Mönckebergstraße drei Rohrbomben. Sie sind miteinander verbunden, der Täter hat sie in der Porzellanabteilung im Kellergeschoss versteckt. Sie zertrümmern Vitrinen, Geschirr und Vasen. Die Explosion setzt die Sprinkleranlage in Gang, alles steht unter Wasser. Menschen werden nicht verletzt. Niemand weiß, wer der Täter ist, so ist es immer in diesen Fällen. Und der Täter will auch unerkannt bleiben. Auch das ist immer so in diesen Fällen.

Unter diesen üblichen Voraussetzungen beginnt ein Duell, das sich unüblich lange hinziehen wird. Es wird über fast zwei Jahre gehen, der unbekannte Täter wird erstaunlichen Ruhm und Bewunderung in der Bevölkerung erlangen und wir, die Polizei, einigen Spott ernten.

Erpressungen sind keine einfache Angelegenheit. Allerdings nicht nur für die Polizei. Sondern auch für den Täter. Das ist unsere Chance.

Zwei Tage nach der Explosion geht ein Schreiben bei der Geschäftsstelle der Karstadt AG in Hamburg ein. Es ist bereits am Tag vor der Explosion abgesandt worden. Der Brief ist auf einer Schreibmaschine getippt und mit »XXX« unterzeichnet. XXX schreibt:

Ich fordere hiermit von Ihnen 1 Million DM in 1000 DM
Scheinen. In der Nacht vom 12.06 zum 13.06 gab ich Ih-
nen eine Demonstration für meine Entschlossenheit mein
Ziel auch mit Gewalt durchzusetzen. Diesesmal es war
nur ein besserer Knallfrosch.
Nächstesmal wird es zur Katastrophe kommen.
Zweifeln Sie nicht an meiner Entschlossenheit meine
Worte auch in die Tat umzusetzen!
Ich melde mich wieder in ca. 2 Wochen.

Ein weiterer Erpresserbrief folgt. Er enthält als Beweis
für seine Echtheit eine Probe des selbstgemischten
Sprengstoffs, eine Zeichnung mit der Verschlusskappe
der Rohrbombe und die Aufforderung, mittels folgender
Anzeige im *Hamburger Abendblatt* zu signalisieren, dass
Karstadt bereit wäre, zu zahlen: »Dagobert grüßt seine
Neffen.«

Nach dieser Annonce geht bei Karstadt schon bald der
nächste Brief ein, die »Sehr geerten Herren« sollen auf einen Anruf warten. Dann wird der Absender die Lücken
des folgenden Textes füllen:

»Sie fahren am 15. Juli auf der Bundesstraße Nr._____ca.
zum Kilometerstein___ nahe ____.«

So beginnt im Sommer 1992 meine Bekanntschaft mit jenem Mann, der als »Dagobert« in die Kriminalgeschichte
eingehen wird. Ich werde ihn niemals persönlich treffen.

Zu Beginn wissen wir noch wenig über ihn. Wir können davon ausgehen, dass wir es mit einem Mann zu tun
haben, denn fast alle Erpresser ohne politischen Hinter-

grund sind Männer, noch dazu wenn sie als Einzeltäter auftreten. Auch das technische Vorgehen mit Bombenanschlägen weist auf einen männlichen Täter hin. Und da er bereits eine Bombe gezündet hat, weiß er sicherlich, dass die Polizei eingeschaltet ist. Nun müssen wir mehr über ihn herausbringen. Man kann viel über Menschen erfahren, auch ohne ihnen begegnet zu sein. Unser Verhalten hinterlässt Spuren, Informationen darüber, welche Fähigkeiten oder Schwächen wir haben, wie wir uns gegenüber anderen verhalten, wie wir sozial eingebunden sind und in welcher psychischen Verfassung wir uns befinden. Es gibt Hinweise auf unsere Einstellungen zu Menschen, zum Leben und zum Tod – und zur Gewalt. Und nicht nur das, was wir tun, verrät viel über unseren Charakter – auch das, was wir nicht tun.

Aus diesem Grund ist das »perfekte Verbrechen« eine Illusion. Die menschliche Persönlichkeitsstruktur ist zu mächtig. In jeder unserer Handlungen zeigt sie sich, ob wir es wollen oder nicht. Das macht uns berechenbar, und es zeigt unsere Schwachstellen auf.

Ich sitze in meinem kleinen Büro in einem alten Kasernengebäude der Landespolizeischule, wo wir drei Psychologen damals noch untergebracht sind, als mich der Leiter der Verhandlungsgruppe anruft: »Wir haben eine Erpressung, wann kannst du hier im Präsidium sein?« Fünf Jahre arbeite ich zu dem Zeitpunkt bei der Polizei. Manche der Beamten begegnen uns Psychologen mit Skepsis. Sie haben die langjährige Erfahrung von der Straße, und was sollen wir mit unserem theoretischen Wissen darüber hinaus zu Ermittlungen beitragen? Bei »Dagobert« wird sich zeigen, dass ein derart großer Fall nur zu bewältigen ist, wenn die Polizei alle Kompetenzen und Professionen nutzt.

Eine Erpressung also.

Mehrmals im Jahr gehen bei großen Konzernen Erpresserschreiben ein. Nur selten stellen die Verfasser eine ernsthafte Bedrohung dar. Manchmal werden die Briefe gleich in Serie an verschiedene Konzerne gesandt, manchmal sind die Ankündigungen so absurd, dass klar ist: Der Absender droht nur zum Schein. In manchen Fällen aber kann es gefährlich werden. Dagobert ist gefährlich. Er hat nicht nur massiv gedroht, sondern sogar seine Fähigkeit und Bereitschaft zur Gewalt bewiesen, bevor er überhaupt eine Forderung gestellt hat.

Die Kollegen haben mir den Brief gefaxt, und ich schaue ihn an. Was soll die Skizze seiner Bombe? Warum hat er eine Probe des Sprengstoffes mitgeschickt? Dient das tatsächlich nur dem Echtheitsnachweis? Steckt dahinter nicht ein weiteres Signal: »Ich habe noch mehr«? Soll uns die Skizze zeigen, dass der Täter die Bomben selbst gebastelt hat und jederzeit in der Lage wäre, dies zu wiederholen? Und steckt dahinter vielleicht auch das Bedürfnis nach Hochachtung vor seinen Fähigkeiten? Noch kann ich nicht viel über diesen Menschen sagen.

Aber eines ist sicher: Er meint es ernst.

Wir stehen vor einer schwierigen Aufgabe. Die Polizei muss nicht nur Verbrecher fassen. Das höchste Ziel für uns ist: Wir müssen möglichst verhindern, dass der Täter Schaden anrichtet, insbesondere jemanden verletzt oder gar tötet. Hier kommt eines meiner wichtigsten Aufgabengebiete zum Tragen, die »Risikoeinschätzung«: Wie gefährlich ist aus psychologischer Sicht ein Täter – und wie können wird diese Gefahr eindämmen?

Also fahre ich ins Präsidium für die erste »Runde«, in der sich von nun an fast täglich die Chefs der beteiligten Dienststellen treffen. Der Leiter des Raubdezernats, seine Mitarbeiter und die Kollegen der Verhandlungsgruppe warten bereits. Wir müssen unbedingt verhindern, dass dieser Täter seine angekündigte Drohung »Nächstes Mal wird es zur Katastrophe kommen« wahr machen wird. Ist es am besten, seine Forderung zu erfüllen und ihm eine Million Mark zu geben? Ist damit wirklich die Gefahr gebannt? Wird dieser Täter nicht erneut zuschlagen, wenn er lernt: eine Bombe zu Beginn – eine schriftliche Androhung von noch Schlimmerem und schon bin ich reich? Gibt es nicht andere Wege zu verhindern, dass er seine Drohung wahr macht? Stundenlang sitzen wir zusammen, reichen die Berichte herum, lassen uns die Tatortanalyse vortragen, wägen das Für und Wider ab, um eine erste Taktik zu entwickeln.

Bei einer derart großen Bedrohung wie einer Erpressung mit Bombenanschlägen wird eine »Besondere Aufbauorganisation« eingerichtet. Spezialisten der Polizei werden in verschiedene »Einsatzabschnitte« aufgeteilt, genau nach Aufgabengebiet, damit kein Chaos entsteht. Im Lauf der Dagobert-Erpressung besteht dieser Apparat aus mehreren Hundert Beamten. An der Spitze steht der Polizeiführer Michael Daleki mit seinem »Führungsstab«, der alles koordiniert. Ihm unterstehen in Hamburg und später in Berlin je ein Einsatzabschnitt »Operative Maßnahmen«, der die Geldübergaben, Telefonzellenüberwachungen und Festnahmeversuche durchführt. Ein Abschnitt »Ermittlungen« folgt den Spuren, die Dagobert im Lauf der Erpressung hinterlässt. Ein Abschnitt »Pressearbeit« informiert die Medien und versucht, sie im Zaum zu halten. Und es gibt den Abschnitt: »Verhandlungsgruppe / Täterkontakte«. Hier arbeite ich. Wir müssen mit dem Erpresser kommunizieren. Aber vorerst müssen wir abwarten.

Am 14. Juli 1992 um 16:09 Uhr geht der von Dagobert angekündigte Anruf bei Karstadt in Hamburg ein. Es ist der Auftakt zu einer Schnitzeljagd, und es soll nicht die letzte bleiben. Aus dem Telefonhörer ist eine Computerstimme vom Band zu hören. Sie gibt die fehlenden Worte aus dem Lückentext durch. Der Geldbote soll auf der Bundesstraße 105 zum Kilometerstein 84 vor Bad Doberan fahren. Er tut es. Dort meldet sich der Erpresser über Funk und lässt eine Computerstimme vom Band Anweisungen durchgeben: Der Bote muss weiter zum Kilometerstein 79 fahren, wo er an einem Leitungsmast einen Kasten findet. Darin liegen eine Nachricht, eine Tasche – und ein selbstgebastelter Abwurfmechanismus mit drei Magneten. Der Bote soll in den Zug Rostock–Berlin steigen und das Abwurfgerät mit den Magneten am rechten Puffer des letzten Waggons befestigen. Das Geld soll er in die Tasche packen und die Tasche an einem Haken am Abwurfgerät einhängen.

Also besteigt der Geldbote mit mehreren Beamten vom Mobilen Einsatzkommando (MEK) den Zug. Gegen 22:30 Uhr löst der Täter mit einem Funksignal den Mechanismus aus. Der Haken öffnet sich. Aber die Tasche fällt nicht, die Beamten haben sie so befestigt, dass sie am

Zug hängenbleibt. Die Polizisten, die vom Waggon springen, sehen nur noch den Lichtkegel einer Taschenlampe, der sich rasch entfernt.

Wir haben uns entschieden, dass dieser Täter möglichst nicht zu seinem Geld kommen darf. Denn das wird die Gefahr nur erhöhen. Es hilft niemandem, wenn wir diesen Mann zufriedenstellen. Wir glauben: Das Risiko ist zu hoch, dass er nach einem Erfolg wieder bombt und wieder erpresst. Dann hätten wir die Bevölkerung nicht beschützt, sondern einen Serientäter geschaffen. Und der Ablauf des ersten Übergabeversuchs bestätigt diese Befürchtung: Wahrscheinlich haben wir es mit dem gleichen Täter zu tun, der bereits 1988 das Kaufhaus KaDeWe in Berlin um 500 000 DM erpresst hat. Auch damals verwendete der Täter eine Rohrbombe, ließ das Geld aus einem Zug werfen und verschwand unerkannt. Wahrscheinlich haben wir es bereits mit einem Serientäter zu tun. Wir sind uns einig: Wir müssen ihn fassen.

Damit stehen wir vor einer Herausforderung, die häufig bei Erpressungen auftritt. Sie unterscheidet diesen Fall von den meisten anderen Verbrechen: Wir müssen jemanden aufspüren, während er seine Tat noch ausführt und Gefahr von ihm ausgeht. Darum müssen wir sehr behutsam vorgehen. Unser ganzes Tun kann sein Handeln beeinflussen und gefährliche Folgen haben. Und jeden Schritt des Täters müssen wir bei unserem weiteren Vorgehen berücksichtigen.

Wir stehen am Anfang eines Machtspiels.

Zu Beginn ist in solchen Fällen der Täter im Vorteil: Seine Bombe hat ihm Macht verschafft. Er droht mit weiterer

Gewalt, dadurch erlangt er Kontrolle über das Handeln seines Gegenübers. Er ist ein Unbekannter, er kann überall sein. Er trifft die ersten Entscheidungen, er stellt Forderungen und gibt dabei die Regeln für das »Spiel« vor, so wie sie für ihn am erfolgversprechendsten und am ungefährlichsten erscheinen. Er ist der Handelnde, und die Polizei kann erst einmal nur reagieren. Aber der Erpresser hat auch ein Problem: Er will etwas. Und um es zu bekommen, muss er kommunizieren. Was nun beginnt, ist ein Ringen um Informationen. Der Täter braucht Informationen, um zu wissen, wie er an sein Geld kommt. Wir brauchen Informationen, um ihn besser einzuschätzen: Was könnte ihn erneut veranlassen zu bomben, was könnte ihn davon abhalten? Wie könnten wir ihn einkreisen?

Der erste Schritt ist getan. »Dagobert« hat kein Geld bekommen. Sein Plan ist nicht aufgegangen. Aber er weiß nicht, warum. Lag es an mangelnder Zahlungsbereitschaft oder an seinem vielleicht doch nicht ganz perfekten Übergabeplan? Um das herauszufinden, muss er aus seiner Deckung kommen und sich bei uns melden.

Am 22. 7. kündigt der Erpresser in einem Brief einen Anruf bei Karstadt an. Er will eine Erklärung für die gescheiterte Übergabe hören.

Zwei Tage später klingelt bei Karstadt das Telefon. Ein Mitglied unserer Verhandlungsgruppe gibt sich als Karstadtmitarbeiter aus. Der Täter weiß zwar, dass die Polizei involviert ist. Aber er soll den Eindruck haben, direkt mit jenen zu verhandeln, die seinen Wunsch erfüllen können: Karstadt. Unser Mann trägt dem Täter die Erklärung vor: Die Übergabe war zu kompliziert, sein Funkspruch unverständlich, die Gäste im Zug waren sehr aufgeregt und der

Ablösemechanismus hat wohl nicht richtig funktioniert, jedenfalls hat das Bahnpersonal an der Endstation noch die Tasche am Puffer hängend vorgefunden. Die Polizei hat alles getan, was in ihrer Macht stand, aber die Übergabe war einfach zu unsicher. Das Paket hätte ja sogar in falsche Hände gelangen können. Unsere Taktik: Der Täter soll nicht an der Zahlungsbereitschaft des Konzerns zweifeln, sondern Zweifel an der Fehlerlosigkeit seines Planes bekommen. Könnte es nicht sein, dass die Geldübergabe gescheitert ist aufgrund des Wetters oder aufgrund von Planungsfehlern des Täters oder Durchführungsfehlern der Geldboten? Wir hoffen, dass Dagobert dann bereit ist, nach einer weiteren gescheiterten Übergabe erneut Kontakt zu suchen – weil er herausbekommen will, woran es lag. So können wir ihn womöglich von weiteren Bomben abhalten. Und wir kommen näher an ihn heran.

Das nächste Schreiben am 3. 8. bestätigt unsere Hoffnung:

Sehr geehrte Geschäftsleitung; Kriminalpolizei
Auch mir macht diese Erpressung keinen Spass, aber ich habe keine andere Wahl.
Meine Situation ist verzweifelt, die Alternative ist Suicid.
Das ist der Grund, daß ich werde die Sache durchführen bis zum Ende.
Ich werde diesesmal keine Bombe legen. Bei einem weiteren Fehlschlag würde ich in Zugzwang kommen und eine weiter Explosion wär unvermeidlich (…)

Der Erpresser kündigt eine Übergabe in zwei Wochen mit einem verbesserten Abwurfgerät an.

Wenn ich ein solches Schreiben analysiere, konzentriere ich mich vor allem auf die überflüssigen Details. Er hätte uns einfach einen neuen Termin nennen und rechtzeitig die Übergabemodalitäten durchgeben können. Stattdessen verrät er uns einiges über sich: Wir haben es mit jemandem zu tun, der reflektiert, der imstande ist, Fehler auch bei sich zu suchen – zumindest was die technischen Belange des Übergabeplanes angeht.

Das ist bei Erpressern nicht immer so. Manche sind hundertprozentig überzeugt von der Perfektion ihres Planes. Diese Illusion gibt ihnen das Gefühl, die Situation total unter Kontrolle zu haben. Dabei sind die meisten Übergabepläne fehlerhaft. Es kommt zu technischem Versagen, oder der Erpresser hat nicht alles bedacht. Nicht seinen hohen Angst- und Stresspegel vor und insbesondere während der Übergabe. Er macht Fehler.

Die Verantwortung für sein eigenes Versagen schiebt er jedoch anderen zu, dem Opfer, der Polizei. Das macht die Situation psychisch erträglicher, denn es fällt vielen Menschen schwer, Fehler bei sich zu suchen. Aber es hindert sie zugleich daran, aus ihnen zu lernen. Ein Erpresser bombt dann beispielsweise weiter, um die vermeintlich fehlende Zahlungsbereitschaft zu erhöhen, dabei war sein Plan einfach zu kompliziert. In diesem Fall ist es aber anders, der Täter fragt nach.

Ich lese den Brief wieder und wieder durch, lasse das bisher Geschehene Revue passieren. Warum will dieser Mensch uns unbedingt mitteilen, dass ihm die Erpressung keinen Spaß macht? Warum möchte er so dringend ernst genommen werden? Er schreibt von einer »verzweifelten Situation« und von »Suicid«. Ohnehin ist ein

Verbrechen immer ein Hinweis auf ein selbstschädigendes Lebenskonzept. Man muss sich isolieren von seinem sozialen Umfeld, damit Freunde oder Angehörige nichts mitbekommen. Geheimnisse machen einsam. Man geht das Risiko ein, erwischt zu werden. Es drohen soziale Ächtung, Statusverlust und der Verlust an Freiheit. Befindet sich dieser Täter also in einer akuten suizidalen Krise? Wohl kaum. Dazu ist sein Denk- und Urteilsvermögen zu klar. Seine Tat sähe chaotischer aus, es wäre nicht diese zeitliche und logische Stringenz in seinem Plan erkennbar. Er scheint das Thema Suizid eher als moralisches Druckmittel einzusetzen. Er will vermutlich Schuldgefühle erzeugen: Gebt mir schnell das Geld, sonst seid ihr dafür verantwortlich, dass ich mich umbringe! Eine andere Frage erscheint mir wichtiger: Warum versucht er, uns auf diese Art zu manipulieren? Fühlt dieser Täter sich in Wahrheit unterlegen und versucht das zu kaschieren, zu kompensieren?

Das Machtgefälle beginnt langsam, sich zu verschieben.

Am 8. 8. kommt das nächste Schreiben, am 14. 8. folgt dann der zuvor angekündigte Anruf. Der Bote wird von einer Computerstimme zu einem Schließfach in Hamburg-Altona geschickt, wo er eine Reisetasche und ein neues Abwurfgerät findet sowie ein weiteres Schreiben. Darin nennt der Täter den Zug und wie die Tasche befestigt werden soll. Und er schreibt:

Man wird mir berichten wie Sie sich dabei angestellt haben also keine Mätzchen.
Ich habe eine Bombe in Karstadt versteckt.

Die Bombe hat einen Langzeitzünder. 12 Uhr ist einge-
stellt Tag ? Bei erfolgreicher Übergabe werde ich recht-
zeitig Informieren über den Ort.
Zu Ihrer Information ich bin bewaffnet und werde ge-
brauch davon machen.
Ich werde mich einer Verhaftung durch Selbsttötung ent-
ziehen.
Sagen Sie Ihrem Helicopter-Piloten wenn er zu tief fliegt
wird er abgeschossen.
Ich habe nichts zu verlieren!

Die Techniker des MEK untersuchen noch am Schließfach das Abwurfgerät. Wie beim ersten Apparat ist auch
hier eine Zeitschaltuhr eingebaut, die auf 17:15 Uhr gestellt ist. Damit soll offenbar der Mechanismus aktiviert
werden: Um 17:15 Uhr schaltet er sich ein und lässt sich
dann über ein Funksignal auslösen. Der Bote und ein
ganzer Polizeitrupp besteigen den Zug. Sie rechnen mit
einem Abwurf ab 17:15 Uhr. An der berechneten Ab-
wurfstelle warten viele Polizisten auf den Täter.

Aber es ist ein Trick. Bereits um 17:02 Uhr wird in der
Nähe von Reinbek die Tasche gelöst, 13 Minuten zu früh
für uns. Der Einsatzleiter lässt den Zug abbremsen, die
Zugriffskräfte springen ab, sehen einen Mann, der die
Tasche aufgreift und mit ihr in den Wald flüchtet.

Dagobert hat uns überlistet. Die Techniker entdecken
später, dass er die Uhr mit der falschen Zeit gezielt eingebaut hat, um uns in die Irre zu führen. Im Abwurfapparat
ist eine zweite Uhr versteckt, die den Mechanismus früher
ausgelöst hat.

Und wir haben eine Tasche ohne Geld abgeworfen.

166

Ich ahne, dass das Folgen haben wird. Dieser Mann mag zwar technische Vorgänge reflektieren und Fehler eingestehen. Den tatsächlichen Unrechtscharakter seiner Tat wird er jedoch meiner Vermutung nach nicht reflektieren. Er würde sich nicht fragen:»Was mache ich hier eigentlich? Wieso erpresse ich jemanden? Mit welchem Recht?« Der Wandel an Rechtsbewusstsein hat sich wahrscheinlich schon längst vor der eigentlichen Tat vollzogen. Hat er für sich einen Weg gefunden, eine solche Tat zu legitimieren? Hätte er sonst nicht spätestens beim Aufkeimen der Tatidee den Gedanken daran verworfen? Stattdessen ist er in die Planungs- und dann in die Durchführungsphase übergegangen. Moralische Skrupel würden ihn vermutlich nicht davon abhalten, auf das Scheitern zu reagieren. Ich glaube: Dieser Mensch würde bomben.

Am 9. 9. um 23:30 Uhr explodiert in einer Karstadt-Filiale in Bremen eine Bombe, die 6,5 Millionen Mark Schaden anrichtet. Am 15. 9. um 18:00 Uhr explodiert in der Haushaltswarenabteilung einer Karstadt-Filiale in Hannover eine weitere Rohrbombe. Es ist die erste Bombe, die Dagobert während der Geschäftszeit zündet. Zwei Menschen werden leicht verletzt.

Einen Tag später geht ein Brief beim Axel-Springer-Verlag ein. Sinngemäß steht darin: Karstadt und die Kripo »pokern« mit dem Leben von Menschen. Sie haben versucht, mich auszutricksen. In der Presse stand, dass der Konzern und die Polizei nicht an einen Anschlag während der Geschäftszeit glauben. Damit haben sie mich »gezwungen«, das Gegenteil zu beweisen. Erpressung ist nicht die »feine Art«, aber ich habe keine »andere Wahl«.

Der Druck auf uns steigt. Und wir haben wenig in der

Hand. Niemand hat bisher mit dem Erpresser gesprochen. Unsere Einflussmöglichkeiten sind begrenzt. Der Täter nimmt anscheinend Aussagen in der Presse für bare Münze und rechtfertigt damit einen Bombenanschlag. Und alles, was wir haben, sind eine Computerstimme, seine Bomben, seine Briefe, seine Übergabeversuche und seine Reaktionen auf das Scheitern. Wir brauchen ein präziseres Bild von dem Täter, wie er denkt und wie er fühlt, um ihn zu verstehen.

Wenn ich ein Täterprofil erstelle, trage ich alle Fakten zusammen, gehe alles in Ruhe durch. Lese die Akten, ziehe vergleichbare Fälle heran, sichte die Fachliteratur. Ich spreche mit den Ermittlern, diskutiere mit den Spezialisten für Geiselnahmen, Entführungen und Erpressungen, frage Professoren um Rat. Mein Schreibtisch verschwindet unter zahlreichen Büchern, bunten DIN-A4-Blättern und Klebezetteln. Manchmal schießt mir auf dem Weg von der Arbeit etwas durch den Kopf, und ich notiere es sofort auf der Rückseite irgendeines Briefes, der gerade im Auto liegt. Alles halte ich fest – Fakten, Wissen, Ahnungen, Gedanken, Hypothesen, Bemerkungen, Anregungen. So entsteht ein Bild. Auf manche Frage kann ich dann antworten, auf andere immer noch nicht. Das ist manchmal unbefriedigend, aber ich kann nicht einfach Tatsachen verdrehen, nur um eine Antwort parat zu haben.

Wie können wir uns der Persönlichkeit des Mannes namens »Dagobert« weiter nähern?

Was sagt uns die Wahl des Opfers? Warum eine Comicfigur als Pseudonym? Warum überhaupt eine Erpressung und dann in dieser aufwendigen Form? Warum eine Million Mark? Warum diese Beharrlichkeit?

Gehen wir davon aus, dass er der gleiche Mann ist, der das KaDeWe erpresst hat. Warum zweimal gehobene Kaufhäuser, warum keine Discounter? Kann er seine Tat vor sich besser rechtfertigen, indem er vermeintlich nur das Geld von Reichen nimmt? Steckt dahinter nicht eine große Portion Neid auf die da oben? Das könnte bedeuten, dass er gerne dazugehören würde. Vielleicht fühlt er sich ausgegrenzt. Ungerechterweise ausgegrenzt, denn eigentlich müsste er dazugehören. Ist er vielleicht beruflich und sozial gescheitert? Werden seine Fähigkeiten nicht gebührend anerkannt? Erhofft er sich bei einem Angriff auf die Reichen ein zustimmendes Nicken in der Bevölkerung? Also wenigstens von dieser Seite Anerkennung?

Das alles würde zu einem überhöhten Anspruchsdenken passen: »Mir steht eigentlich viel Geld und viel Anerkennung zu!« Es scheint, dass dieser Täter versucht, seine eher kindlichen, wenig altersentsprechenden Phantasien von Allmacht, Reichtum und Genialität auszuleben. Deshalb auch der Name Dagobert? Ohne dauerhafte Anstrengung in Geld schwimmen, ein genialer Plan, mit dem er es allen zeigen kann? Wahrscheinlich ist er stolz auf seine raffinierten Tüfteleien, mit denen er die Polizei austrickst.

Zugleich stechen seine schwache Rechtschreibung und sein Schreibstil ins Auge. Da zeigt jemand derart große Sorgfalt beim Austüfteln der Übergabe, doch seine Briefe sind voller Rechtschreib- und Tippfehler und fast im Plauderton gehalten: »keine Mätzchen«, »sagen Sie Ihrem

Helicopter-Piloten ...«. Er ist technisch sehr bewandert, aber im sozialen Umgang dürfte er etwas ungelenk und nachlässig sein, eher oberflächlich, kindlich unreif. Auch sein Abstraktionsvermögen scheint nicht sehr ausgeprägt zu sein. Er droht und bombt, er unterstreicht ständig seine technischen Kompetenzen, um als ebenbürtiger »Verhandlungspartner« akzeptiert zu werden, als einer, der alles im Griff hat. Aber er kommt anscheinend nicht auf die Idee, dass seine holperigen Briefe diesen Eindruck unterminieren könnten. Er scheint sich selbst nicht bewusst zu sein, auf was er sich hier eingelassen hat: ein schweres Verbrechen.

Entsprechend wählt er auch eine lustige Comicfigur als Pseudonym für den Täter eines Verbrechens und bagatellisiert dadurch seine Tat: »Ich bin ein eigentlich harmloser Straftäter namens Dagobert, der nur sein Geld will!« Das spricht für einen Mangel an Empathie und Mitgefühl für die Betroffenen.

Warum begeht dieser Täter ein derart planungs- und zeitintensives Verbrechen? Warum wählt er eine Vorgehensweise, die verhältnismäßig viel Geld verschlingt durch viele Reisen und teures Material? Es geht ihm augenscheinlich nicht um das schnelle Geld, weil der Gerichtsvollzieher bereits vor der Tür steht. Dann würde er eher einen Raubüberfall oder einen Betrug begehen. Dieser Täter versucht anscheinend seinen Lebensunterhalt längerfristig auf einem höheren Niveau zu sichern. Will er vom Donald zum Dagobert werden? Der Summe nach will er nicht in Saus und Braus leben. Allerdings hätte er als KaDeWe-Erpresser innerhalb von vier Jahren 500 000 Mark verprasst.

Ein weiteres Indiz dafür, dass der Täter auch nach dieser Erpressung keine Ruhe geben würde.

Geld muss für ihn eine besondere Bedeutung haben. Ist es für ihn die einzige Möglichkeit, alltägliche Konflikte zu lösen? Geld als Allheilmittel: Wenn ich reich bin, ist alles gut? Woher käme sonst das große Beharrungsvermögen, woher der Satz: »... und ich werde die Sache durchführen bis zum Ende«? Das spricht gegen eine reife, ausgeglichene Persönlichkeit. Dieser Täter braucht wahrscheinlich den Erfolg für sein psychisches Gleichgewicht. Als Kompensation für seine Minderwertigkeitsgefühle, die Unterlegenheit und das Versagen? Daher auch das extrem ausgeprägte Kontrollbedürfnis, das Bedürfnis nach Macht über den Konzern und die Polizei durch seine Drohungen und Anschläge? Und das Bedürfnis nach Macht über das, was die Medien über ihn, Karstadt und die Polizei schreiben? Vermutlich hat er sich deshalb auch direkt an die Presse gewendet.

Zeigt sich nicht auch in den unglaubwürdigen Drohungen bei der letzten Übergabe – wie dem Abschuss eines Helikopters – sein enormes Kontrollbedürfnis? Dieser Täter versucht anscheinend alles, um einer Festnahme von vornherein entgegenzuwirken. Warum spricht er von Bewaffnung, Tötung und droht mit Selbsttötung? Der Täter will wahrscheinlich nicht nur eine Festnahme vermeiden, er will auch die Polizei auf Distanz halten. Hat er etwa Angst vor einem überraschenden, körperlichen Angriff? Hat er in der Vergangenheit schon einschneidende negative Erfahrungen gemacht mit körperlicher Gewalt?

Was sagt uns das alles?

Meine Hypothese ist: Der Täter verharmlost sein Verbrechen, schiebt Verantwortung ab, er externalisiert also. Er glaubt auch, ein Recht auf das Geld zu haben. Seine seelische Stabilität hängt vom Erfolg seiner Tat ab: Dieser Täter wird nicht von sich aus aufgeben. Die Erpressung kann nur enden mit der Auszahlung oder mit einer Festnahme.

Wir müssen darauf auch bei unserem Vorgehen Rücksicht nehmen. Dieser Mann muss immer das Gefühl haben, dass er ernst genommen wird. Mit seinem anscheinend sehr ausgeprägten Minderwertigkeitsgefühl ist er wahrscheinlich leicht kränkbar und zu verunsichern. Kritik und Zurückweisungen – ob nur von ihm unterstellt oder real – führen bei ihm nicht zum beleidigten Rückzug. Er tendiert vermutlich vielmehr zur Bestrafung mit Gewalt, um seine Überlegenheit zu demonstrieren.

Hat er sogar Freude an Gewalt? Das ist unwahrscheinlich. Zwar droht er mit einer Katastrophe, bombt auch während der Geschäftszeit, nur wegen eines Zeitungsartikels – doch er tut es nicht aus Lust, sondern aufgrund seiner leichten Kränkbarkeit. Betrachtet man genauer die Tatorte, Tatzeiten und Sprengwirkungen, dann will er, so vermute ich, den Eindruck des rücksichtslosen Brandlegers schon beim ersten Anschlag vermeiden: Er bombt im Kellergeschoss in der Porzellanabteilung – der Sprengsatz hat zwar eine hohe Wirkung, aber es können keine Passanten verletzt werden. Auch die zweite und dritte Bombe zünden in Abteilungen für Gebrauchsgegenstände. Seine Aggression richtet sich also nicht so direkt gegen Menschen wie es der Fall wäre bei Bekleidungsabteilungen – oder gar der Kinderabteilung. Er will nicht töten.

Aber er ist allem Anschein nach bereit, Gewalt auszuüben, sobald Zweifel an der Zahlungsbereitschaft aufkommen und er sich nicht ernst genommen fühlt. Das Risiko von Toten oder Verletzten ist dann nicht auszuschließen, auch wenn der Täter es wohl für sich selbst verdrängt. Er würde in diesem Fall die Verantwortung weit von sich schieben:»Ich habe alles getan, um das zu verhindern. Hättet ihr gezahlt, wäre das nicht passiert!« Diese Art der Selbstrechtfertigung verwendet er bereits in seinen Briefen. Auf diese Weise kann er das Verbrechen vermutlich für sich selbst legitimieren. Auch das ist eine eher unreife Haltung: Er nimmt sich als Opfer wahr und versucht dadurch, sein positives Selbstbild aufrechtzuerhalten, obwohl er ein Gewaltverbrechen begeht und Menschenleben gefährdet.

Es ist klar, dass wir beim nächsten Versuch unbedingt verhindern müssen, dass der Täter sich »gelinkt« und damit »gezwungen« fühlt. Er darf keine leere Geldtasche mehr in die Hände bekommen. Wir müssen ihn entweder bei der Übergabe fassen oder zumindest dafür sorgen, dass er das Paket nicht untersuchen kann. Am besten wäre es, wenn wir ihm eine gute Erklärung dafür liefern könnten, damit er sich nicht ausgetrickst fühlt. Aber dazu müssen wir versuchen, irgendwie mit ihm in Kontakt zu kommen.

Am 1. 10. kündigt ein Brief die nächste Geldübergabe an. Der Plan ist weniger kompliziert: Über Telefon will Dagobert den Zug durchgeben, den der Bote nehmen soll. Das Geld soll in einen weißen Stoffbeutel gepackt werden und nach einem Funksignal diesmal einfach per Hand abgeworfen werden.

Wir haben alle mit einer Zugübergabe gerechnet. Der Täter hält an seiner Vorgehensweise fest und verfeinerte sie nur weiter. Sein Plan soll ihm Distanz zu den Verfolgern garantieren. Er ist von seiner Taktik überzeugt. An ihm hat es ja nicht gelegen, dass er nicht zu seinem Geld gekommen ist.

Wir sind gut vorbereitet. Zugriffskräfte und Hundeführer warten im Zug, Hubschrauber sollen die Bahntrasse überwachen. Der Anruf kommt, die Computerstimme nennt den IC 537 Hamburg–Dresden, die Beamten besteigen den Zug. Aber was nicht kommt, ist das Abwurfsignal des Täters.

Bekommt er Angst?

Wahrscheinlich, aber dieser Mann wird wohl kaum aufgeben.

Elf Tage später folgt der nächste Brief. Darin steht, dass der Täter sich gestört gefühlt und darum abgebrochen hätte. Er kündigt eine Übergabe für den nächsten Tag an. In Berlin-Charlottenburg kommt das Signal, das Paket wird abgeworfen. Der Täter holt es jedoch nicht. Im nächsten Brief erklärt Dagobert, dass eine Baustelle seine Planung durcheinandergebracht hat. Und:»Ich habe jedesmal bei der Geldübergabe große Angst und reagiere deshalb sehr empfindlich auf Störungen.« Er kündigt eine erneute Übergabe an, wieder aus einem Zug heraus. Wieder kein Signal. Wieder keine Übergabe.

Bei diesen Duellen geht es uns nicht ums »Weichkochen«. Das Geduldsspiel ist nur leider manchmal unausweichlich. Es stimmt natürlich: Eine steigende Nervosität des Täters ist für uns eine Chance, weil sie ihn zu Fehlern verführt. Aber sie erhöht auch das Risiko.

174

Am 26. 10. gibt es einen erneuten Versuch. Unser Bote wird in den IC 174 von Berlin Richtung Hamburg beordert. Zwischen den S-Bahnhöfen Savignyplatz und Charlottenburg ertönt über CB-Funk die Computerstimme und fordert zum Abwurf auf. Das Paket fliegt neben die Gleise. Niemand nähert sich. Aber jemand läuft davon.

Mittlerweile zieht sich das Duell Dagobert gegen die Polizei über fünf Monate hin. Eine solch lange Zeit ist für alle anstrengend. Die Bevölkerung wird immer unruhiger. Die Presse beginnt die Polizei zu kritisieren. Aber am belastendsten ist es für den Täter: Seine Angst vor einer Festnahme wächst stetig. Er weiß, dass er immer mehr von sich preisgibt, aber er kann es nicht verhindern. Zugleich werden seine Ressourcen knapper.

Anfangs reiste Dagobert noch durch die Republik. Er schickte seine Briefe aus verschiedensten Städten ab, führte seine Telefonate aus ganz Norddeutschland. Doch je länger die Erpressung läuft, desto stärker scheint er seinen Aufwand zu reduzieren. Und das sorgt dafür, dass wir näher an ihn herankommen. Immer häufiger kommen die Briefe aus Berlin oder Umgebung. Immer häufiger kommen jene Anrufe, die wir zurückverfolgen können, aus Berlin und Umgebung. Es ist klar: Dort lebt der Täter.

Wir halten es für wahrscheinlich, dass er mit zunehmender Zeit seine Übergaben dorthin verlegen wird. Darum hat das MEK Berlin ein »Bahntrassenkonzept« erstellt. Alle Gleise in der Stadt werden auf Stellen abgesucht, an denen jemand guten Zugang hat und zugleich unentdeckt fliehen kann. Deshalb stehen auch an der Gerviniusstraße in Berlin-Charlottenburg zwei Beamte. Und so sehen sie diesen Mann, der erst auffällig um die Gleise schleicht, dann zu dem vorbeifahrenden Zug in Richtung des Pakets läuft, schließlich abdreht und zu einem Fahrrad rennt. Und so springt einer der Beamten aus dem Wagen und bekommt den Mann noch an einem Ärmel zu packen.

Und dann rutscht der Polizist auf dem nassen Gras aus. Er sieht den Mann nur von hinten und kann sein Gesicht nicht erkennen.

Unsere Abläufe haben eine gewisse Routine in jener Zeit. Der Hauptsitz der Aufbauorganisation »Dagobert« liegt im Hamburger Polizeipräsidium, da in Hamburg auch die erste Bombe hochging und Anzeige erstattet wurde. Der Führungsstab trifft sich hier jeden Tag, oben im achten Stock des Hochhauses mit Blick über die Dächer bis hin zum Hafen. Fünfzehn Leute sitzen um den großen Tisch, jeder ein Telefon vor sich, für den Fall, dass in seinem Bereich etwas Neues vorgefallen ist – eine frische Spur, ein neues Schreiben oder ein nachverfolgter Telefonanschluss.

Zuerst wird immer die »Lage« besprochen: Was gibt es Neues? Dann werden die letzten Maßnahmen nachbereitet. Wir überlegen, was als Nächstes vom Täter kommen wird und wie wir darauf reagieren sollen. Denn noch immer können wir in diesem Machtspiel vorrangig nur reagieren.

In den Tagen nach der Übergabe in Berlin ist die Stimmung besonders gedrückt. Wir waren so nahe dran. Und in den Zeitungen steht: Dagobert kann entkommen, weil ein Polizist auf »Hundescheiße« ausrutscht. Das stimmt nicht, aber es zeigt, wie die Rollen in der Öffentlichkeit verteilt sind: Wir sind die Dummen. »Klüger als die Polizei erlaubt«, wird geschrieben. Wir müssen mit den Medien zusammenarbeiten, denn wir haben eine Informationspflicht und brauchen sie auch als Sprachrohr. Die Aufmerksamkeit ist immens: Mittlerweile observieren die Journalisten sogar die Polizei. Wenn das MEK-Team zu einem Einsatz aufbricht, folgt ihm ein Tross von Reportern. Die Berichterstattung ist durchaus schmeichelnd für den Erpresser. Bei einer Straßenumfrage geben viele der Befragten an, dass sie Sympathien für den Erpresser haben. Es ist, als ob die Bevölkerung sich Dagoberts Argumentation zu eigen gemacht hätte.

Für mich ist das ein faszinierender Einblick in das, was man gerne »Massenpsyche« nennt. Man könnte sogar sagen, diese Stimmung ist ein Beleg dafür, dass in jedem von uns ein kleiner Dagobert schlummert, der klammheimlich allerhand Grenzüberschreitungen legitimiert. Die Menschen scheinen das zu glauben, was sich Dagobert selbst einredet: Dass ein kleiner Mann das Recht hat, einen großen Konzern zu erleichtern, dass Cleverness und raffinierte Tüftelei doch irgendwie belohnt werden müssen. Wie der Erpresser klammern viele anscheinend aus, dass diese Tat nicht nur ein Verstoß gegen irgendwelche Gesetze ist, sondern gefährlich, rücksichtslos – ja, auch menschenverachtend.

Aber immerhin hat Dagobert nun für einen Moment die Kontrolle verloren.

Es ist kaum überraschend, was folgt. Weitere Briefe, weitere angekündigte Übergaben, weitere Züge, weitere Abwürfe, bei denen er nicht erscheint. Er bleibt seinem

Plan treu, obwohl er anscheinend selbst nicht mehr imstande ist, ihn durchzustehen. Das wirkt fast zwanghaft auf mich und lässt mich erneut vermuten: Wir haben es mit einem unsicheren Menschen zu tun, der hin- und hergerissen ist zwischen seinem großen Traum und seinen großen Ängsten.

Aber wie können wir ihn fassen, wenn er immer ängstlicher wird?

Die Übergaben bieten weiterhin die beste Gelegenheit. Aber die Einsätze sind sehr aufwendig. Wir können nicht ewig den ganzen Apparat in Bewegung setzen für Übergaben, zu denen es dann doch nicht kommt. Wir müssen Dagobert zu mehr Zuverlässigkeit bewegen. Und dafür müssen wir mit ihm kommunizieren.

Nur wie?

Wir machen aus der Not eine Tugend. Die Aufmerksamkeit der Presse bringt uns auch einen Vorteil: Es ist klar, dass Dagobert die Berichte über sich verfolgt. Also können wir ihn wenigstens auf diesem Kanal erreichen. Der Polizeiführer Michael Daleki muss ein Interview geben und Dagobert dabei eine Botschaft zukommen lassen.

Daleki, der Pressesprecher und ich setzen uns zusammen. Wir gehen das Profil durch. Der Täter braucht das Gefühl, die Fäden in der Hand zu halten. Außerdem ist der Glaube an die Erfüllung seiner Forderungen für ihn immens wichtig. Können wir ihn dort packen? Ihm sagen, dass wir glauben, er habe aufgegeben, weil er keine Chance habe? Können wir ihn so hervorlocken? Bestimmt. Aber es könnte diesen empfindlichen Menschen auch zu sehr provozieren. Er würde vielleicht wieder eine Bombe legen. Doch es gibt da noch den zweiten Aspekt:

178

seine moralische Eitelkeit. Wir glauben: Er will nicht als Verbrecher gesehen werden. Hier müssen wir ansetzen.

So gibt der Polizeiführer im März 1993 ein Interview, in dem er beiläufig einen Satz fallenlässt: »Vielleicht will er gar kein Geld, sondern nur Angst und Schrecken verbreiten und aufwendige Fahndungsmaßnahmen der Polizei auslösen.«

Es wirkt. Einen ganzen Winter ist das Spiel von an- und abgesagten Übergaben gelaufen, als Dagobert im April 1993 den nächsten Versuch ankündigt. Er findet tatsächlich statt. Am 19. April wird der Geldbote zum Bahnhof Zoo in Berlin beordert. Der Bote soll wieder ein Schließfach öffnen. Und dort wartet die Überraschung.

Der Täter hat die Zeit genutzt. Er hat einen neuen Plan.

Zwei Gefrierbeutel, eine Aldi-Tüte, ein Schlüssel mit angehängtem Sechskantschlüssel und ein Zettel liegen im Fach. Das Geld soll in die Beutel gepackt, in die Tüte gesteckt und zu einer Kreuzung in Berlin-Britz gebracht werden. An der Kreuzung steht eine »Streusandkiste«. Zu ihr passt der Schlüssel. Darin liegt eine weitere Anweisung: Der Bote soll die Tüte auf den Streusand legen und die Kiste abschließen. Der MEK-Mann durchwühlt die Kiste kurz, legt um 22:09 Uhr ein Paket mit Peilsender, ausstaffiert wie ein echtes Geldpaket, in die Kiste und schließt sie ab. Der Täter wird gar nicht so weit kommen, das Paket zu öffnen, glauben wir.

In Hamburg sitzen Michael Daleki und unser Team im großen Besprechungszimmer und lassen uns die Lage vor Ort berichten. Ich kann es nicht so recht glauben: Dagobert scheint direkt in die Falle zu stolpern. Ist dieser kontrollsüchtige Täter auf einmal leichtsinnig geworden? Der Leiter des Einsatzabschnittes »Operative Maßnahmen« Reinhard Bromm gibt die Anweisungen durch. In Berlin überwachen Techniker des MEK in zwei Wagen die Bewegungen des Peilsenders. Zivilbeamte beobachten die Kiste. Sie warten. Fast eine Stunde lang passiert nichts. Niemand erscheint. Nichts. Keine Bewegung. Bis 23:07 Uhr. Auf einmal kommt ein Anruf der observierenden Beamten: Der Peilsender meldet heftige Bewegungen, aber niemand ist zur Kiste gegangen. Wie kann das sein? »Öffnen und hineinschauen«, befiehlt Daleki.

Die Meldung kommt um 23:15 Uhr. Die Beamten haben die Kiste geöffnet. Ihr Boden ist durchschlagen. Die Kiste steht nicht auf dem Asphalt, sondern über einem Abwasserschacht. Der Täter hat sie von unten aus dem Kanal geöffnet, hochgegriffen, das Paket gepackt und schnell festgestellt, dass er wieder kein Geld erhalten hat. Er hat das Paket liegenlassen und ist durch die Kanalisation geflohen.

Das Duell ist noch nicht beendet.

In der Nacht vom 18. 5. auf den 19. 5. 1993 explodiert in der Fernsehabteilung des Bielefelder Karstadt eine Rohrbombe in einem abgestellten Ölkanister. Der Kanister ist mit Benzin gefüllt, um ein Feuer zu entfachen. Es entflammt zwar nicht, dennoch entsteht ein Schaden von 20 000 Mark. Eine Woche später geht das nächste Täterschreiben bei Karstadt ein. Die öffentliche Häme nimmt zu, der Trick mit der Kiste hat dem Erpresser endgültig den Status eines cleveren Tüftlers gebracht, der die Polizei und den reichen Konzern narrt. Wir stehen noch stärker unter Druck.

Dagobert meldet sich nicht mehr.

Wochen vergehen. Hat er aufgegeben? Ich kann es mir nicht vorstellen. Dieser Mann wird keine Bombe legen, um sich mit einem Bestrafungsakt zu verabschieden. Wahrscheinlich braucht er einfach nur Zeit für einen neuen Plan.

Auch wir nutzen die Zeit. Wir zweifeln immer mehr, ob wir ihn bei einer Übergabe festnehmen können. Doch es gibt andere Optionen. Wir können ihn vielleicht anhand seiner Spuren identifizieren. Bei der Beinahe-Verhaftung war es nicht gelungen, das Gesicht des Erpressers zu erkennen. Aber immerhin hat Dagobert bei seinen panischen Fluchten einige Gegenstände verloren: ein Nachtsichtgerät, eine Perücke, eine Brille und Funkgeräte. Wir haben auch die Bauteile seiner Abwurfgeräte und die Bestandteile seiner Bomben. Bisher führen diese Spuren uns jedoch nirgendwo hin. Außerdem gibt es noch seine Anrufe. Zur damaligen Zeit existieren nur wenige digitale Telefonanschlüsse, weshalb sich die Anrufe nicht immer zurückverfolgen lassen. Aber wenn, dann kommen sie aus öffentlichen Telefonzellen. Können wir ihn dort fassen?

Die Berliner Polizei kann nicht rund um die Uhr alle 9491 öffentlichen Apparate der Stadt überwachen. Aber die Analyse seiner Anrufe hat ergeben, dass Dagobert geschlossene Kartentelefonzellen bevorzugt mit freiem Blick auf die Umgebung. Es bleiben rund 1500 Telefonzellen übrig. 3000 Beamte in Zivil sollen sie überwachen. Hubschrauber sollen über der Stadt kreisen, aus denen sich Spezialisten abseilen können.

Nach über einem Monat kommt der nächste Brief, in dem Dagobert einen Anruf für den 30. 6. ankündigt. Der

Anruf geht ein. Er kommt von einem Münztelefon in Berlin-Köpenick. Nicht von einem Kartentelefon.

Noch immer bestimmt Dagobert, was wir erfahren. Und noch immer können wir ihm nichts mitteilen.

Mir ist klar, dass der Erpresser auch selbst ein Bedürfnis nach mehr Kommunikation haben dürfte. Er hätte wahrscheinlich gerne absolute Kontrolle und Sicherheit. Darum hält er uns auch von sich fern. Aber dieser Mensch würde vermutlich zugleich liebend gerne alles wissen wollen. Er ist wahrscheinlich frustriert nach den gescheiterten Übergaben, hat auch viele Fragen an uns. Wir müssen ihn nur zum Gespräch einladen. Ihn locken. Wieder setzen sich der Polizeiführer und wir von den »Täterkontakten« zusammen und entwickeln ein Konzept.

Am 30. 8. 1993 klingelt es am Karstadt-Telefon. Diesmal wartet unser Sprecher nicht auf die gewohnte Computerstimme. Er sagt sofort: »Bitte legen Sie nach Ihrer Nachricht nicht auf! Wir haben eine wichtige Mitteilung für Sie!« Dagobert spielt das Band ab. Aber er legt nicht auf. Und so sagt unser Sprecher ihm, dass wir ihm in Zukunft gerne mit einer Zeitungsannonce in der *BZ* Dinge mitteilen würden. Ob das in Ordnung sei für ihn? Ja, das sei es, antwortet eine menschliche Stimme.

Wir haben zum ersten Mal Dagobert sprechen gehört.

Insgeheim haben wir gehofft, dass wir seine Stimme aufnehmen und sie zur Fahndung über die Radiosender abspielen können. Leider spricht er mit verstellter Stimme, einer Kopfstimme, wie ein Kastrat. Dieses Piepsen wird niemand identifizieren können. Aber er hat zum ersten Mal mit einem eigenen Tabu gebrochen und mit uns geredet. Ich vermute, dass das für ihn auch erleichternd gewesen ist. Er wird es weiterhin tun.

Das war der entscheidende Schritt für uns.

Die nächste Übergabe kündigt er diesmal mit seiner eigenen, verstellten Stimme an. Er hat zuvor per Post einen kleinen Schlüssel an Karstadt geschickt. Nun gibt er durch, dass der dazugehörige Briefkasten in einem Haus in Berlin-Charlottenburg hängt, darin wird der Bote neue Instruktionen finden.

Wir haben ein Konzept entwickelt, um die Initiative zu ergreifen. Der Sprecher wartet scheinbar unabsichtlich, bis die Piepsstimme die Adresse genannt hat, und sagt dann entschuldigend, dass die Übergabe aus organisatorischen Gründen am heutigen Tag nicht stattfinden könne. Dagobert legt auf.

Die MEK-Beamten sollen den Briefkasten observieren und zugreifen, falls Dagobert seine Anweisung, das Funkgerät und die Taschenlampe, die er darin deponiert hat, holen will. Natürlich erscheint Dagobert nicht. Aber wir haben einen Erfolg errungen: Wir sind endlich mit ihm im Dialog. Wir können ihn beeinflussen.

Wir verschieben beim nächsten Anruf den Übergabetermin wieder aus »organisatorischen Gründen« und kündigen eine Zeitungsanzeige an mit dem Termin für ein nächstes Telefonat. Zu diesem Zeitpunkt sollen wieder die Berliner Telefone observiert werden. Aber Dagobert spielt nicht mit. Die Annonce erscheint zwar, doch er ruft erst ein paar Tage später an. Er hat sich für diesen Anruf sogar an einen Privatanschluss angeklemmt, indem er den Telefonkasten eines Hauses aufschraubt und sich über einen Draht an die Leitung anschließt. Das tut er noch zweimal. Und dann geschieht etwas, was wir für unwahrscheinlich gehalten haben.

Am 3. 11. 1993 um 22:01 Uhr explodiert im Karstadt Magdeburg Dagoberts fünfte Bombe – in einem Putzraum.

Es ist das erste Mal, dass er zuschlägt ohne eine gescheiterte Übergabe. Hat er unsere Taktik durchschaut? Natürlich hat er einkalkuliert, dass der Anschluss, von dem er anruft, geortet werden kann, so wie er immer versucht, alles einzukalkulieren. Es scheint uns aber unwahrscheinlich, dass er ahnt, dass wir gleich alle Berliner Kartentelefone überwachen lassen. Ich schätze es eher so ein, dass ihm die Kontrolle zu schnell entglitten ist, als wir einfach seinen Termin ablehnten und selbst einen Vorschlag machten. Seine gestiegene Nervosität hat uns vermutlich den Kontakt ermöglicht, aber auch zu einer Überreaktion geführt. Wir müssen subtiler vorgehen.

Das wird im nächsten Brief an Karstadt bestätigt. Dagobert wirft der »Kripo« »Sabotage« vor und mahnt den Konzern: »Wen Sie bei der Geldübergabe weiter auf die Polizei vertrauen, wird der Schaden für Sie um ein vielfaches steigen.« Nun nutzt er die Keiltechnik. Er versucht die Polizei und den Erpressten auseinanderzutreiben. Am Schluss fordert er auch, »mit einem Herren oder einer Dame von der Geschäftsleitung zu sprechen«.

Als ich den Brief lese, wird mir klar: Unser Ansatz ist nicht falsch, wir müssen allerdings noch den richtigen Ton finden. Dagobert muss das Gefühl haben, die Entscheidungen selber zu treffen. Wir müssen noch stärker Rücksicht auf seine Unsicherheit und seine Kränkbarkeit nehmen. Und immer müssen wir ihm Verständnis für

184

seine vermeintliche innere Notsituation signalisieren. Die Aussicht auf Erfolg seines Übergabeplanes darf nicht in Frage gestellt werden. Wir dürften ihm keine Gegenvorschläge mehr machen, sonst könnte er wieder aggressiv werden. Appelle an die Vernunft und sein Verantwortungsgefühl könnten wahrscheinlich belehrend, bevormundend wirken und sich nicht mit seinem Unterlegenheitsgefühl vertragen.

Ich sage in unseren Sitzungen, dass dies aus meiner Sicht der Weg zu ihm sein muss, um weitere Bomben zu verhindern und ihn festzunehmen.

Aber nicht immer herrscht Einigkeit.

Große Konzerne beschäftigen oft eigene Sicherheitsberater. Meist ist ein externer, neutraler Profi auch für uns hilfreich, um seinem Auftraggeber zu vermitteln, dass unser Vorgehen angemessen ist. Aber dieses Mal ist es anders. Karstadt hat einen erfahrenen und angesehenen ehemaligen Polizeipsychologen engagiert. Der Mann hat zuletzt vor allem im Ausland gearbeitet, in Krisenregionen, bei Entführungs- und Erpressungsfällen in Südamerika. Sein Konzept sieht vor, Dagobert davon zu überzeugen, einen neutralen Vermittler einzuschalten, der ihm das Geld persönlich übergibt – so wie es in Südamerika üblich ist. Der Kollege verhandelt häufig mit Terroristen oder Mitgliedern eines großen Kartells, die einen entschlossenen und rauen Ton gewohnt sind und ein Gegenüber überhaupt erst für voll nehmen, wenn es sich Respekt verschafft hat.

Im ersten Telefonat drängt er, »neue Wege« zu finden. Dagobert legt einfach auf. Auch den nächsten Anruf, in dem der Kollege die Übergabe verschiebt und unkom-

pliziertere Bedingungen fordert, beendet Dagobert mit
grußlosem Auflegen. Natürlich ist sein Weg auch ein Versuch, der auf einer vorläufigen Einschätzung des Täters
basiert. Wir haben in solchen Fällen nur Hypothesen,
keine letzten Wahrheiten. Die Südamerika-Variante ist es
zumindest nicht.

Am 6. Dezember 1993 zündet Dagobert nach eineinhalb
Jahren seine gefährlichste Bombe. Sie explodiert in einem
Berliner Karstadt mittags um 12 Uhr in einem Fahrstuhl,
niemand wird verletzt, aber es entsteht ein Sachschaden
von 35 000 Mark. Dagobert schreibt, dass der Polizeipsy-
chologe wohl glaube, dass er nicht fähig sei, Menschen
körperlichen Schaden zuzufügen oder Menschen zu töten. Er werde das Gegenteil beweisen, da man ihm keine
andere Wahl lasse. Tatsächlich habe auch ich ihn so ein-
geschätzt. Muss ich diese Einschätzung nun revidieren?
Warum ist – während der normalen Geschäftszeit – niemand zu Schaden gekommen? War das Zufall? Genau
kann das niemand sagen.

Eines ist jedoch klar: Wir brauchen einen neuen Sprecher, der mit der leichten Kränkbarkeit des Täters umgehen und ihn locken kann.

Hauptkommissar Klaus Springborn scheint der perfekte Mann für diese Aufgabe. Seine dunkle Stimme wirkt
sehr seriös. Außerdem hat er eine für Verhandlungen äußerst hilfreiche Eigenschaft: Respekt für sein Gegenüber.
Ich habe ihn und seine Wirkung auf Menschen bei einer
Geiselnahme erlebt: Während bei so manchem Beamten
die Wut schon hochkochte, blieb Springborn stets höflich,
freundlich und respektvoll. Seine Grundhaltung ist, dass

186

jeder Mensch Respekt im Umgang verdient. Genau das ist es, was unser Gesprächspartner dringend braucht.

Doch bevor Springborn seine Wirkung entfalten kann, folgt Dagoberts spektakulärster Übergabeversuch. Diesmal muss unser Bote zu einem Berliner S-Bahnhof, wo er auf einem stillgelegten Gleis eine Kiste vorfindet. Sie liegt auf einem Wagen, der auf vier Rädern auf dem Gleis steht. In der Kiste liegt die Bedienungsanleitung. Anweisungsgemäß setzt der MEK-Mann das Fahrzeug in Gang, das von einem Elektromotor betrieben über die Gleise jagt. Zur Sicherheit hat Dagobert auch noch Schnüre über die Gleise gespannt, die bei Berührung Feuerwerkskörper zünden. Als die Beamten dem Wagen hinterherrennen, knallt es. Nach ein paar hundert Metern entgleist das Gefährt, bevor es sein Ziel erreicht. Springborn wird im nächsten Telefonat einiges zu tun haben.

Die Gespräche mit einem Erpresser müssen akribisch vorbereitet werden. Zuerst benötigt der Sprecher eine Rolle, die glaubhaft ist, aber ihm Handlungsspielraum gibt. Soll Springborn ein Vorstandsmitglied spielen? Nein, dann könnte Dagobert spontane Entscheidungen von ihm verlangen. Eher jemanden auf der mittleren Führungsebene, der selbst keine Entscheidungen treffen kann, nicht über alles informiert ist und sich in heiklen Momenten ahnungslos stellen kann. Unser Mann soll zwar einen ernstzunehmenden Partner darstellen, aber keiner von »denen da oben« sein, auf die der Täter vielleicht einen Groll hat.

Und wie soll er mit ihm reden? Wertschätzend, respektvoll, auf Augenhöhe. Nicht untertänig, schließlich will Dagobert ja nicht mit »irgendjemandem« reden.

Jedoch auf keinen Fall dominant oder gar konfrontativ. Vorschläge dürfen nur sehr vorsichtig gemacht werden. Und keine moralischen Vorhaltungen – sie würden nur das Gegenteil von Einsicht bewirken. Die Hoffnung des Mannes muss unbedingt erhalten bleiben. Die Frustration darüber, dass die Chance seines Lebens eine Illusion ist, könnte er vermutlich nicht ertragen. Immer muss Springborn betonen, dass Karstadt zahlen will, weil der Täter das so wünscht.

Aber wo genau können wir ansetzen? Dort, wo Dagobert Fähigkeiten besitzt und ein gewisses Selbstvertrauen: bei der Technik. Ein für uns zu kompliziertes Vorgehen, einen technischen Fehler können wir vorschieben, wenn wir eine Erklärung für ein Scheitern brauchen. Einen solchen Einwand kann unser Täter aushalten. Ansonsten muss Springborn die Samthandschuhe anziehen.

Die Abläufe vor den Telefonaten sind immer gleich: Am Anfang steht die Besprechung mit dem Polizeiführer, in der die Ziele für das nächste Gespräch ausgearbeitet werden. Danach gehen Springborn und ich ins »Telefonzimmer«. Auf ein Flipchart an der Wand schreibe ich die Ziele, dann arbeiten wir gemeinsam daran, wie Springborn sie am besten erreichen kann. Was haben wir von Dagobert zu erwarten? Wie könnte Springborn darauf antworten, ohne den Täter zu provozieren, ihn dabei aber am besten in Richtung unserer Ziele lenken? So entsteht ein mehrere DIN-A4-Seiten langes Gesprächskonzept. Dann spielen wir wieder und wieder die möglichen Dialoge durch. Wenn Springborn an einer Stelle ins Stocken gerät, wissen wir, dass die Formulierung noch nicht sitzt. Wie Schauspieler bei der Generalprobe.

Nach der Übergabe mit dem Schienenfahrzeug stehen vier Ziele auf dem Flipchart:

- Hinauszögerung neuer Geldübergaben für notwendige Spurenabklärungen
- Schuldzuweisen für ein mögliches Scheitern vorbereiten
- Sofortige Kontaktaufnahme nach Scheitern einer Geldübergabe anstreben
- eine Karstadt-Allein-Legende

Die Leute von der »Ermittlung« haben einen Hinweis bekommen, der sich später als falsch herausstellen wird, und brauchen Zeit, um ihn zu verfolgen. Deswegen sollen wir neue Geldübergaben hinauszögern. Dagobert darf kein Paket ohne Geld in die Hände bekommen – entsprechend muss Springborn schon am Telefon Bedenken äußern, mit denen wir später eine gescheiterte Übergabe erklären können. Deshalb wollen wir auch eine »sofortige Kontaktaufnahme nach Scheitern«, um sicherzugehen, dass wir Dagobert beschwichtigen und ihm den »Zugzwang« zum erneuten Bomben nehmen können. Und Punkt vier scheint uns die beste Möglichkeit, all das unter einen Hut zu bekommen: die »Karstadt-Allein-Legende«.

Denn darin liegt eine große Chance in einem solchen Machtspiel: Wir greifen die Bedingungen des Täters auf, und nutzen sie, um selbst Kontrolle zu bekommen. Dagobert will unbedingt, dass die Polizei herausgehalten wird. Diese Rolle nehmen wir gerne an. Wenn Karstadt es unbedingt allein machen soll, muss erst der Vorstand tagen – und das braucht ein paar Tage Zeit. Den ungeschulten Geldüberbringern von Karstadt kann natürlich ein Fehler unterlaufen. Damit Dagobert trotzdem sein Paket erhält, muss er seinen Plan wohl etwas einfacher gestalten als für die Profis von der Polizei. Und soll es dennoch zum Scheitern kommen, muss er Verständnis für die Amateure haben und gleich am nächsten Tag anrufen.

Allerdings beginnt das Gespräch gleich mit einer Überraschung. »Haben Sie im *Spiegel* den Bericht gelesen?«, fragte die Piepsstimme. »Die Polizei ist nicht bereit, mir das Geld zu geben.« Wir haben den Artikel natürlich gelesen. Springborn parierte sicher: »Die Polizei braucht ja auch nicht bereit zu sein. Aber die Karstadt AG ist bereit.«

Auch diese Lösung hat uns Dagobert selbst angeboten, indem er versucht hat, Karstadt gegen die »böse« Polizei auszuspielen. Eine Erpressung ist weniger ein Boxkampf mit einem wilden Schlagabtausch. Sie ist vielmehr ein Judokampf, in dem man geschickt die Energie des Angreifers in andere Bahnen lenken muss, um zu gewinnen.

Springborn ist ein guter Judoka. Dagobert sagt zu, die Übergabe auf einen Termin in frühestens neun Tagen zu verlegen, weil »die Herren vom Vorstand«, wie Springborn sie nennt, sich nicht vorher treffen können. Und damit der Karstadt-Sprecher nicht ständig auf einen Anruf warten muss, legt sich Dagobert auf ein Telefonat am folgenden Donnerstag zwischen 17 und 18 Uhr fest. Langsam können wir ohne Risiko günstigere Bedingungen schaffen.

Pünktlich um 17:08 Uhr klingelt am Donnerstag das Telefon. »Bevor Sie reden, möchte ich den nächsten Geldübergabetermin bekanntgeben«, sagt Dagobert. »Das wäre dann der Mittwoch nächster Woche.« Dann spricht Springborn nochmals den *Spiegel*-Artikel an: »Ich kann Ihnen nur immer wieder versichern, auch wenn es aus irgendwelchen Gründen scheitern sollte, wir sind zahlungsbereit. Und lassen Sie sich bitte nicht durch solche Artikel in der Presse leiten.« – »Sicher ja«, antwortet Dagobert. »Ich sage auch im Großen und Ganzen, Details sind teilweise falsch.«

Wie immer bei diesen Gesprächen sitzen Springborn und ich uns gegenüber. Mal deute ich auf eines der Ziele auf unserem Flipchart. Mal hebe ich den Daumen, um Springborn zu bestätigen, dass es gut läuft. Manchmal schüttele ich den Kopf, wenn ich das Gefühl habe, dass der Dialog sich in eine gefährliche Richtung entwickelt. In diesem Gespräch hebe ich häufig den Daumen.

»Ich habe mit meinen Mitarbeitern gesprochen«, fährt Springborn fort. »Es scheiterte häufig, weil wir auch was falsch verstanden haben. Unser Wunsch wäre, dass Sie es so gestalten, dass wir das auch leichter den Mitarbeitern rüberbringen können.« – »Bei der nächsten Übergabe wird es wahrscheinlich keinen Zweifel geben«, verspricht die Piepsstimme.

Die nächste Übergabe verschiebt der Täter zweimal.

Springborn muss dafür sorgen, dass sein Gesprächspartner zuverlässiger wird, aber zugleich darf er ihn nicht reizen. Er klagt im nächsten Telefonat über die Verschiebungen und spannt zugleich ein Rettungsnetz für die nächste Übergabe: »Da sind immer Dinge, dass zeitliche Verzögerungen oder andere Dinge auftreten, die wir beide vielleicht nicht zu vertreten haben. Und dann wäre eine Bombe überhaupt kein Ausweg.« Aber der Druck müsse nun mal bleiben, entgegnet Dagobert. »Sie haben uns mehrfach bewiesen, dass Sie in der Lage sind, durch Ihre Bomben erheblichen Schaden anzurichten. Wir sind uns auch darüber einig, dass es bisher ein glücklicher Umstand war, dass Menschenleben nicht zu Schaden gekommen sind.«

Springborn setzt all das um, was wir vorbereitet haben. Dagobert hat nach diesem Einwand eine noch höhere Hürde zu überwinden, um vor sich selbst eine Bombe zu rechtfertigen. Sein liebstes Argument »die nehmen mich nicht ernst und zwingen mich« ist zumindest in Frage gestellt. Auch dass er Menschen gefährdet, kann er vermutlich nicht mehr so leicht ausblenden. Wir haben dazu bewusst die Formulierung gewählt: »Wir sind uns einig.« Springborn hat so eine gemeinsame Wahrheit ausgesprochen. Ich bin mir sicher, dass Dagoberts Hemmungen gestiegen sind: Er will von seinem Gegenüber Anerkennung ernten und gemocht werden.

Es hat sich sehr schnell eine zumindest vordergründige Vertraulichkeit zwischen dem Erpresser und Springborn entwickelt. Man darf die zunehmende Einsamkeit und die wachsende Ohnmacht von Tätern nicht unterschätzen. Natürlich weiß Dagobert, dass der höfliche Herr, mit dem er am Telefon spricht, ihn am liebsten im Gefängnis sehen möchte. Aber zugleich ist dieser Mann die einzige Person, mit der er überhaupt über sein Verbrechen reden kann. Es ist ein tiefes menschliches Bedürfnis, den einzigen »Vertrauten« unbewusst auch als eine Art Freund sehen zu wollen. Wenn bei einem Täter noch großes Bedürfnis nach Anerkennung und Zugehörigkeit besteht, fördert es diesen Effekt zusätzlich. Ich bin überzeugt, es ist bestimmt erleichternd für Dagobert, mit Springborn entspannt und so offen wie möglich reden zu können. Solange es uns gelingt, diese Rolle zu erfüllen, wird Dagobert wahrscheinlich keine Bombe mehr legen. Es wird immer häufiger gelacht. Die Gespräche werden länger. Manchmal entsteht fast ein Plauderton, der eigentlich der Situation unangemessen ist. Doch wer könnte einem so höflichen, scheinbar rücksichtsvollen und zurückhaltenden, dabei so bescheiden und zugleich verzweifelt wirkenden Menschen wie Dagobert einen Wunsch abschlagen?

Dann geschieht etwas, was wir nicht beabsichtigt haben. Am 19. Februar 1994 ruft Dagobert an und sprudelt gleich los.»Die Geldübergabe ist vor dem Bahnhof Lichtenberg. Dort stehen fünf Telefonzellen nebeneinander, in der linken ist es befestigt.« Ich gebe Springborn aufgeregt ein Handzeichen. Er nickt nur. Er hat von selbst gemerkt, was schiefgelaufen ist.

Eines unserer Ziele für dieses Gespräch war, die Übergabe wegen des schlechten Wetters zu verschieben, da es unmöglich ist, bei Schneegestöber einen Einsatz durchzuführen. Nun hat Dagobert bereits ein Detail seines Planes preisgegeben, bevor Springborn absagen konnte. Springborn bittet darum zu verschieben. Dagobert kündigt den nächsten Anruf an und das Gespräch ist beendet. Wir vermuten: Er wird sich betrogen fühlen.

Die Beamten untersuchen das Versteck am Bahnhof Lichtenberg. Der Plan für die Übergabe ist wieder eine raffinierte Schnitzeljagd, die diesmal an der S-Bahn-Station Anhalter Bahnhof endet. Dort hat Dagobert ein Plakat von Frank Sinatra aufgehängt, dahinter ist eine Öffnung in der Wand, gerade groß genug für das Geldpaket. Es wäre dann in einem Schacht gelandet, der zu einer Notfalltür führt. Dagobert hätte nur die Tür öffnen, das Paket packen, die Tür abschließen müssen und wäre über einen Tunnel entkommen.

Wird er wieder bomben? Ist die Beziehung zu Springborn erschüttert oder vielleicht so stabil, dass er vorher noch einmal anruft?

Wir setzen uns in unserem Sprecherraum vor das Flipchart und überlegen, was wir in diesem Fall tun müssen. Springborn muss den Fehler eingestehen und die Schuld auf sich nehmen. Bestimmt wird Dagobert auch mit einer Bombe drohen. Dann muss Springborn ihm klarmachen, dass Dagobert doch auch ohne Gewalt weiter Herr des Geschehens sei.

Dagobert bombt nicht. Er marschiert zu einer Telefonzelle.

»Als Nächstes werde ich eine Bombe hochgehen lassen.« – »Ja, das nehme ich mal so zur Kenntnis. Was führt Sie dazu, diesen Schluss zu ziehen?«, entgegnet Springborn. »Dass das ein abgekartetes Spiel war. Sie wollten mich bloß aus dem Konzept bringen.« Ich nicke Springborn zu. Es ist ein gutes Zeichen, dass Dagobert überhaupt anruft. Springborn muss ihm nur die Hand reichen.

Springborn erzählt vom schlechten Wetter und darüber, dass die Geldboten auf der Fahrt von Hamburg nach Berlin wieder umkehren mussten. Und das Wichtigste: »Wir haben überhaupt keinen Grund, Sie nicht fair zu behandeln, denn ich sagte Ihnen ja auch schon mal, dass

Sie am langen Hebel sitzen. Wir haben letztendlich das zu tun, was Sie wollen.« Ich lächele. Dagobert hakt noch ein paar Mal nach, warum die Boten denn umgedreht seien. Springborn improvisiert, die Stimmung wird gelöster. »Sie haben ja sicherlich auch bemerkt, dass ich nicht so ein Typ bin, der nun gleich wegen jedem Fehler eine Bombe legt«, sagt die Piepsstimme. Dagobert ist scheinbar zufrieden mit sich. Wir sind es auch.

Wir kommen ihm langsam näher. Unsere Techniker haben herausgefunden, dass er seine Zeitschaltuhren bei der Elektronikkette Conrad kauft. Der Polizeiführer lässt darum alle Conrad-Filialen in Berlin überwachen. Sobald jemand eine Schaltuhr kaufen will, sollen die Verkäufer unsere Beamten informieren. Eines Tages fragt ein Mann an der Kasse nach einer Uhr. Der Verkäufer geht ins Lager und informiert von dort die Zivilbeamten. Aber als sie sich nähern, versteckt sich der Kunde hinter Regalen und flieht dann über den Lieferanteneingang. Die Beschreibung des Mannes genügt zwar nicht für ein aussagekräftiges Phantombild, aber die Beamten und der Verkäufer haben ihn zumindest gesehen. Außerdem haben wir jetzt auch Fingerabdrücke des Verdächtigen. Beim letzten Telefonat konnten die Techniker den Anruf zum Britzer Garten in Berlin zurückverfolgen, wo die Spurensicherer Fingerabdrücke in der Telefonzelle fanden, die dem Conrad-Kunden gehören: Der Mann, den die Beamten und der Verkäufer im Geschäft gesehen haben, war wirklich Dagobert. Das soll sehr wichtig für uns werden.

Unsere größte Hoffnung liegt weiterhin auf den Übergaben und auf den Telefonaten. Um den Aufwand geringer zu halten, verteilen sich die Beamten des MEK mittlerweile so über die Stadt, dass zu den Anrufzeiten binnen drei Minuten jede Telefonzelle erreicht werden kann. Bei jedem Anruf wird uns darum angezeigt, ob er aus dem digitalen Netz kommt. In diesem Fall sollen wir die Gespräche in die Länge ziehen. Themen, die auch für den Täter scheinbar wichtig sind, gibt es genug. Außerdem müssen wir so viele Telefonate wie möglich vereinbaren und dafür sorgen, dass Dagobert sich an feste Termine hält. Denn es braucht ein paar Tage Vorlauf, um die Überwachungen zu organisieren und Beamte aus anderen Bundesländern zur Unterstützung anzufordern.

Der nächste Anruf kommt aus dem analogen Netz. Dagobert kündigt wieder eine Übergabe an – für den 26. Februar 1994.

Auch für die Übergaben haben der Polizeiführer, die Leiter der MEKs und ich ein neues Konzept erarbeitet. Ein typisches menschliches Phänomen ist uns dabei behilflich. Menschen neigen zum Tunnelblick: Wenn sie einmal mit viel Akribie an einer Idee gearbeitet haben, halten sie an ihr fest. Ihr Blick wird enger, weil sie nicht wahrhaben wollen, dass ihr Aufwand sich nicht gelohnt hat. So wie Dagobert fast manisch an den Zugübergaben festhielt, kristallisierte sich auch bei den neuen Varianten ein deutliches Muster heraus: Er sucht ein Versteck, das ihm entweder eine große Entfernung zum Geschehen sichert, wie im Fall des Gleisfahrzeugs. Oder er schafft ein Hindernis, wie die Platten über dem Tunnelschacht oder die Tür hinter der Plakatwand. Und er arbeitet mit Täuschung und Verschleierung, wie schon zu Beginn mit der Zeitschaltuhr und später mit der Kiste.

196

Die Beamten müssen also vor Ort Zeit gewinnen. Da Dagobert aber zugleich sehr schnell aus Angst abbricht, müssen ihm Verzögerungen plausibel erscheinen. Nur wie? Können wir dafür vielleicht sein großes Kontrollbedürfnis nutzen? Häufig hat er bei Übergaben sogar Mikrophone installiert, um wirklich alles mitzubekommen. Warum sollen wir dort draußen nicht etwas inszenieren, das unseren Täter eher beruhigt als alarmiert?

Wir brauchen ein »Gesprächskonzept« für die Beamten vor Ort. Sie sollen sich beim Ablegen des Pakets laut wundern über den Übergabeort. Sich fragen, ob »das wirklich die richtige Stelle ist«. Das MEK soll außerdem eine Schauspielgruppe zusammenstellen: »Passanten«, die zufällig in die Übergabe hineinpoltern und den Boten davon abhalten, das Geld sofort abzulegen. All das wird uns Zeit verschaffen.

Wir sind bereit.

Dagobert ist es allem Anschein nach nicht. Er meldet sich erst eine Woche später, kündigt eine Übergabe für den 4. März an. Aber auch da warten wir vergeblich.

Es ist zermürbend: Diese ganze Erpressung zieht sich nunmehr 21 Monate hin. Dazu die Häme der Medien, die den bombenden Erpresser teilweise als lustigen Till Eulenspiegel darstellen. Mittlerweile steht auf unserem Flipchart der Auftrag »Verschiebungen verhindern« ganz oben.

Wir haben allerdings den Vorteil, dass wir im Team vorgehen und zwischen den Dagobert-Einsätzen immer wieder zu unseren anderen Aufgaben zurückkehren können. Der Täter ist hingegen permanent mit der Tat beschäftigt, das ist erschöpfend. Ich bin zuversichtlich, wir werden Dagobert fassen. Er könnte natürlich aufgeben und abtauchen. Aber das halte ich für unwahrscheinlich.

Und so kommt es, wie es kommen muss.

Er lässt uns über einen Monat warten, bis er per Brief einen weiteren Anruf ankündigt.

Am 19. 4. 1994 um 20:19 Uhr klingelt der Apparat in unserem Telefonzimmer. An unserem Flipchart stehen die Ziele: »Kurzfristige Verschiebungen verhindern«, »Informationsgewinn«, »Übergabetermin akzeptieren«, »Zeitgewinn, wenn das Gespräch aus dem digitalen Bereich kommt«. Nur die letzte Nachricht wird wichtig sein.

»Guten Abend, hier ist Onkel Dagobert. Eine Nachricht ist an der Telefonzelle Yorckstraße, Ecke Bülowstraße.« – »Ja, das erste habe ich nicht verstanden, Borgstraße?« – »Yorck ... Ypsilon ... Otto ... Richard ... Konrad.« – »Yorckstraße, der alte General Yorck?«, fragt Springborn. Ich hebe den Daumen. Springborn lächelt. Jede Sekunde erhöht unsere Chancen. Springborn fragt nach dem Stadtteil, nach besonderen Vorgaben, nach der Wetterlage, warnt vor Trittbrettfahrern, vereinbart schließlich noch ein Telefonat für den kommenden Tag. Drei Minuten dauert das Gespräch.

Die Zeit hat ausgereicht.

Der Anruf kam von einem öffentlichen Apparat in der Bülowstraße in Berlin. Als die MEK-Beamten dort eintreffen, ist der Anrufer zwar schon verschwunden, doch vor der Zelle stehen noch zwei Männer. Einer der beiden hat zuvor ein längeres Telefonat geführt, als ein Mann erschien und ihm mit bohrendem Blick klarmachte, dass er sein Gespräch langsam beenden sollte. Der Zeuge gab nach, unterbrach sein Gespräch und wartete vor der Zelle, bis der Mann aufhörte zu telefonieren. Es dauerte ungefähr drei Minuten. Die Erinnerung des Zeugen ist sehr detailliert, der Ärger über die Unhöflichkeit hat ihm geholfen, sich das Gesicht einzuprägen. Der Mann ist ungefähr vierzig Jahre alt, hat dunkles Haar, das über die Ohren fällt, sein Scheitel sitzt leicht rechts, er trägt einen buschigen Schnauzbart. Noch in derselben Nacht wird ein Phantombild erstellt.

Die Übergabe platzt wieder. Dagobert hat in der Telefonzelle eine Nachricht hinterlegt, die unseren Boten zu einer anderen Zelle führt. Dort soll er auf einen Anruf warten. Unsere Schauspieltruppe kommt zum Einsatz und mimt Unbeteiligte, die von der Zelle aus telefonieren. Wir gewinnen Zeit, bis die MEK-Leute vor Ort sind. Der Bote wartet bis 22:30 Uhr auf einen Anruf. Doch Dagobert ruft nicht an. Es ist bereits der 14. Übergabeversuch, aber wir haben ein Bild.

Die Polizei muss vorsichtig mit Phantombildern umgehen. Die Angaben unseres Zeugen waren sehr glaubwürdig, zuverlässig und detailliert. Dennoch besteht immer das Risiko, dass das Bild nicht dem Gesicht des wirklichen Täters entspricht, weil die Erinnerung dem Zeugen einen Streich gespielt hat. Außerdem haben wir bei einer Zugübergabe eine Perücke gefunden und wissen, dass unser Täter sich verkleidet. Der Zeuge kann also auch einen verkleideten Dagobert gesehen haben. Wenn die Polizei ein Phantombild veröffentlicht, besteht immer die Gefahr, dass das ganze Land Ausschau nach jemandem hält, der anders aussieht als der wirkliche Täter. Dann wird die

Polizei schnell mit Hinweisen überflutet, die den ganzen Apparat beschäftigen, aber nicht zum Gesuchten führen. Der Polizeiführer entscheidet, dass unser Phantombild vorerst nur polizeiintern verwendet wird.

Es ist 10:42 Uhr, als am nächsten Tag das Telefon klingelte. An unserem Flipchart stehen fünf Punkte. Einer davon: »Bombe verhindern«. Und ein weiterer: »Zeitgewinn«.

»Hat diesmal nicht so geklappt«, klagt der Anrufer. »Warum nicht?«, fragt Springborn. – »Ich weiß nur aus der Presse, dass die Beamten offensichtlich doch mehr Zeit gebraucht haben«, sagt Dagobert. Er wundert sich, warum der Apparat in der Zelle immer besetzt gewesen sei, Springborn wundert sich mit ihm, sie plaudern fast ein wenig. Dagobert macht einen Witz: »Ich bin langsam reif fürs *Guinness-Buch der Rekorde*.« Springborn bittet noch darum, die nächste Übergabe nicht aufs Wochenende zu legen, weil seine Tochter da heirate. »Ja, ja, okay«, sagt Dagobert. Drei Minuten und 51 Sekunden hat der Anruf gedauert. Er kam aus Potsdam.

Alle Berliner Polizeibeamten führen das Phantombild mit sich. Die MEK-Beamten, die für die Überwachung der Telefonzellen zuständig sind, halten gezielt Ausschau nach jemandem, auf den die Beschreibung zutrifft. Am Tag des Anrufs insbesondere in Potsdam.

Gegen 11:08 Uhr fährt ein weißer Daihatsu Cuore mit Luckenwalder Kennzeichen die Postdamer Chausee entlang. Im Kofferraum liegt ein zusammengeklapptes Fahrrad, am Steuer sitzt ein Mann mit dunklen Haaren, leichtem Seitenscheitel und dunklem Schnauzbart. Der Mann blickt sehr nachdenklich drein. Er fährt kurze Zeit neben einem Wagen, in dem zwei MEK-Beamte in Zivil sitzen und ihn mustern. Er bemerkt sie nicht.

Der Daihatsu ist ein Mietauto und der Name des Mieters schnell ermittelt. Beim Einwohnermeldeamt besorgen die Ermittler Fotos des Mannes und legen sie noch am Abend allen Zeugen vor, die den Täter gesehen haben. Der Augenzeuge von der Telefonzelle ist sich nicht hundertprozentig sicher. Die Beamten, die ihn damals bei Conrad fast gefasst haben, sagten jedoch: Es ist der Mann auf dem Foto.

Der Mann heißt Arno Funke, ist 44 Jahre alt und lebt mit seiner Frau und seinem Sohn in einem Mehrfamilienhaus in Berlin-Tempelhof. Er ist arbeitslos gemeldet. Noch in derselben Nacht übernimmt das MEK Berlin seine Observation.

Die Beamten sehen, wie er am nächsten Morgen aus der Haustür geht. Er fährt in seinem gemieteten weißen Daihatsu in die Hagedornstraße. Parkt dort. Geht in eine Telefonzelle. Er nimmt den Hörer von der Gabel.

Es ist der 22. 4. 1994, 10:14 Uhr.

Man kann später einiges über Arno Funke erfahren. Nachdem er seine neunjährige Haftstrafe wegen guter Führung nach sechs Jahren und vier Monaten abgesessen hat, veröffentlicht er eine Autobiographie: Er schreibt von seiner Alkoholsucht, von seinem Leben als Lackierer, mit dem er unzufrieden war, von seiner Kündigung und von seiner Sorge, dass er seiner Frau und seinem Sohn nicht mehr den gewünschten Lebensstandard finanzieren könnte. Er schreibt über seine Depressionen und seinen Traum von einem neuen Leben mit dem großen Geld, den er schon einmal mit der Erpressung des KaDeWe erfüllt glaubte, und dass die 500 000 Mark bald zerronnen waren. Mit den letzten Resten des Geldes hat er die Karstadt-Erpressung finanziert. Er arbeitet nach seiner Freilassung als Karikaturist und DJ, ist ein kleiner Medienstar und Anfang 2013 in der RTL-Fernsehsendung »Ich bin ein Star – holt mich hier raus« zu sehen, besser bekannt als Dschungelcamp. Die öffentlichen Sympathien bleiben ihm erhalten, auch wenn er fünf Bomben gelegt hatte, um Geld zu erpressen.

Mittwoch, 22. 4. 1994.

»Guten Morgen, hier ist Onkel Dagobert. Wir wollen es heute noch einmal versuchen.« – »Versuchen?« –«Ob es klappt, weiß man ja vorher nie.« Die Piepsstimme lacht. Auf unserem Flipchart im Telefonzimmer steht dick unterstrichen: »Zeitgewinn«. Springborn bedankt sich ausführlich für die Pünktlichkeit des Anrufers, klagt über Schwierigkeiten mit der Hausbank, fragt, ob der Täter schon vorher angerufen habe, fragt nach Dagoberts Telefonkarte, ob sie noch genügend Guthaben habe, um weitere Details zu klären. »Ist alles klar?«, fragt Springborn schließlich. »Ist alles klar, heute Abend zwischen 19 und 20 Uhr«, sagt die Piepsstimme. Das Gespräch dauert zwei Minuten und dreißig Sekunden.

Um 10:17 Uhr verlässt in Berlin ein Mann eine Telefonzelle. Zwei dunkle BMW fahren in diesem Augenblick vor, machen eine Vollbremsung, vier in Zivil gekleidete Männer springen heraus und rennen auf ihn zu. Der Mann wehrt sich nicht. Er sagt: »Ja, ich bin Dagobert.«

Danksagung

Dieses Buch schrieb sich nicht von allein.

Ohne die Anfrage des Ullstein Verlages, ob ich mir vorstellen könnte, die Arbeit einer Polizei- und Kriminalpsychologin der breiten Öffentlichkeit näherzubringen, wäre dieses Buch nie geschrieben worden. Ich danke den Lektorinnen Frau von Stenglin und Frau Pientka für ihre motivierende Unterstützung.

Ohne die gute Zusammenarbeit, den regen Gedankenaustausch und die zahlreichen, intensiven Fachgespräche mit meinen Kolleginnen und Kollegen der Hamburger Polizei während der gemeinsamen Einsätze und laufenden Ermittlungen und während der Aufarbeitung der Fälle für dieses Buch gäbe es nicht die hier niedergeschriebenen Kapitel. Ich danke stellvertretend für alle insbesondere Reinhard Chedor, Klaus Springborn, Elke Liesener und Reinhard Bromm.

Vor allem aber schrieb sich dieses Buch nur mit Bernd Volland. Er fand die richtigen Worte, das passende Tempo und den angemessenen Ton für das, was geschah und was die Betroffenen eines Verbrechens erleben. Ohne die angenehme und intensive Zusammenarbeit mit ihm gäbe es diese Form der Präsentation der Fälle nicht.

Danke!

CID JONAS GUTENRATH
110
Ein Bulle hört zu – Aus der Notrufzentrale der Polizei

Klappenbroschur
€ 14,99 [D], € 15,50 [A], sFr 20,90
ISBN: 978-3-86493-001-0

Geschichten mit Sogwirkung: nah am Leben und mitten ins Herz

Ein Freigänger erschlägt seine Frau mit einer Axt, eine verzweifelte Mutter sucht Rat in Erziehungsfragen, ein Yacht-Besitzer empört sich, weil er auf dem Landwehrkanal »geblitzt« wurde: Wenn Cid Jonas Gutenrath Notrufe entgegennimmt, kommt er den Menschen sehr nahe. Ob er eine Frau zum Weiterleben überredet oder einen kleinen Jungen tröstet – Gutenrath begegnet ihnen allen auf seine ganz persönliche, faszinierende Art.

Beim Lesen seiner authentischen Geschichten lacht man Tränen oder es stockt einem der Atem. Dieses Buch lässt niemanden kalt.

»Ein großartiges Buch« *Markus Lanz*

INGO THIEL
SOKO im Einsatz
DER FALL MIRCO UND WEITERE BRISANTE KRIMINALGESCHICHTEN

Klappenbroschur
ISBN 978-3-86493-012-6
www.ullstein-buchverlage.de

Es war der Fall seines Lebens: Unter Einsatz einer bis zu 70 Mann starken Sonderkommission gelang es Kriminalhauptkommissar Ingo Thiel den wohl spektakulärsten Fall der jüngeren deutschen Kriminalgeschichte zu lösen – den kaltblütigen Mord an dem zehnjährigen Jungen Mirco. Spannend und authentisch schildert der Kommissar in seinem Buch diesen Fall von der ersten Spur bis zum Geständnis. Anhand von weiteren Mordfällen beschreibt Thiel den Aufbau und die präzise Arbeit einer SOKO: wie sie funktioniert, welche Methoden bei der Aufklärung eine Rolle spielen, und wie der Ablauf einer Tat rekonstruiert wird.

Deutschlands »Super-Ermittler« *Bild*

ullstein extra

Axel Petermann

Auf der Spur des Bösen

Ein Profiler berichtet

Originalausgabe

ISBN 978-3-548-37325-6

www.ullstein-buchverlage.de

Ein brutaler Serienmörder. Eine verstümmelte Frauenleiche in einer Plastiktüte. Ein erschossener US-Amerikaner im Zug. Kriminalkommissar Axel Petermann von der Bremer Polizei ist Deutschlands bekanntester Profiler. Er beschreibt seine schwierigsten Fälle. Dabei gibt Axel Petermann Einblick in das Profiling und in die Abgründe der Täterpsyche.

»Brutal, abgründig und hochspannend« *Michael Tsokos*

US336